Mal ist da diese
Steinschicht
über meinem Herzen
mal ist sie da nicht
oder
Freiheit sucht Weg!

SchreibKunst –
Schüler schreiben mit Autoren
Herausgegeben von
Erika Schellenberger-Diederich

editionfaust

INHALT

Grußwort

Liebe Leserinnen und Leser,

seit fünf Jahren widmet sich das Landesprogramm SchreibKunst dem professionellen Coaching von Schülerinnen und Schülern in kontinuierlichen Schreibwerkstätten. Geleitet werden sie dabei von literaturpreisgekrönten Autorinnen und Autoren. Mit der zweiten Buchveröffentlichung zeigt das Landesprogramm eindrucksvoll, dass es die derzeit 255 Teilnehmerinnen und Teilnehmer lieben, Sprache zu verdichten und am eigenen Text zu feilen – in harter Arbeit in der Schule, aber auch zu Hause, und das freiwillig!

„Mal ist da diese Steinschicht über meinem Herzen, mal ist sie da nicht“ lautet der Untertitel unserer neuen Anthologie mit Gedichten, Kurzgeschichten, Erzählungen und Collagen, die allesamt von hessischen Schülerinnen und Schülern der Jahrgangsstufen 8 bis 13 und zwei Studentinnen der Universitäten Mainz und Darmstadt verfasst wurden.

Die beiden Verse sind dem Poetry-Slam-Gedicht „Wie geht es dir“ entnommen, das Luisa Schlüter, Jahrgang 8 der Albert-Einstein-Schule in Maintal, geschrieben hat. Das Bemerkenswerte dieser metaphorischen Antwort ist, dass sich die belastenden Steinschichten offenbar auch wieder abtragen lassen. Im Kontext des Buchtitels „Freiheit sucht Weg!“ wirkt dieses poetische Statement ungemein tröstlich und berührt die Leserinnen und Leser mit einer besonderen Intensität.

In diesem hochwertigen – vom Frankfurter Verlag Edition Faust verlegten – Buch versammeln sich Texte, die in Genre und Themenwahl nicht verschiedener sein könnten. Erste Liebe und Nonsense, Krieg und Fluchterfahrung – die jungen Schreiber dürfen stolz sein, ihr Gemeinschafts-Kunstwerk, ein richtiges Buch, jetzt in den Händen halten zu können. Besonders gut gefällt mir, dass die Schülerinnen und Schüler in den Buchentstehungsprozess mit eingebunden wurden und Mitspracherecht bei der Auswahl und Anordnung der Texte erhielten.

Literatur von Schülern für Schüler entwickelt hier beispielhaft eine große Strahlkraft! Auch die neuen Medien sind mit einem Weblog durchaus mit von der Partie gewesen und erweitern das Spektrum der Kreativität.

Ich beglückwünsche die Nachwuchsautorinnen und -autoren sowie die Schulkoordinatoren zur Anthologie „Freiheit sucht Weg!“, die auf der Frankfurter Buchmesse vorgestellt wird. Es ist ein toller Erfolg, über den wir uns gemeinsam mit starken Kooperationspartnern wie der WIBank und dem Hessischen Landesmuseum Darmstadt mit seinen literarisch-künstlerisch inspirierenden Ausstellungen freuen.

Mit herzlichen Grüßen

Prof. Dr. R. Alexander Lorz
Hessischer Kultusminister

Grußwort

Literatur ist nicht nur etwas Wundervolles, sondern auch wesentlich für ein funktionierendes zivilgesellschaftliches Miteinander. Denn Literatur in all ihren Spielarten baut immer Brücken. Durch die Lektüre eines Buches entsteht eine Gemeinschaft von Lesern, die Grundlage für einen Diskurs miteinander schafft. Der Weg der Literaturschaffenden ist selten leicht: Ideen kommen und gehen, man formuliert, verwirft, denkt um und versucht es erneut. Eine Geschichte zu Ende zu bringen, ist ein mühsamer Prozess. Der Alltag und insbesondere der Schulalltag bietet sehr wenig Raum für solch einen kreativen Schaffensprozess, in dem man immer wieder scheitert und neu aufstehen muss.

Umso mehr begeistert mich das Projekt SchreibKunst und beeindrucken mich die vielen jungen Geschichtenschreiber und Erzähler, die sich nicht entmutigen lassen, ihre Ideen zu verfolgen und am Ende ein Werk zu schaffen. Den schreibenden Nachwuchs mit erfahrenen Autorinnen und Autoren zusammenzubringen, die Vorbild und Ansporn sein können, ist eine großartige Idee. So wird schon in der Schule ein Diskurs gefördert, der auch nach der Schulzeit mannigfaltige Früchte zu tragen verspricht.

Als Förderbank des Landes Hessen setzen wir uns dafür ein, dass gute Ideen Realität werden, und verstehen uns als Impulsgeber und Wegbegleiter. Das Projekt SchreibKunst und die WIBank passen daher gut zusammen.

Ich wünsche Ihnen viel Spaß bei der Lektüre dieser virtuos realisierten literarischen Werke des kreativen Nachwuchses in Hessen und danke den Jungautorinnen und Jungautoren sehr, dass sie für uns Brücken bauen.

Dr. Michael Reckhard
Mitglied der Geschäftsleitung
der Wirtschafts- und Infrastrukturbank Hessen

Eva Demski

Schirmherrin des Landesprogramms SchreibKunst

Das Ergebnis der SchreibKunst-Kurse ist wirklich schön geworden, und man kann wieder einmal sehen, dass ein richtiges Buch, mit richtigen Seiten und richtigen Bildern, durch nichts zu ersetzen ist.

Oder kann man sich vorstellen, dass nach vielen Jahren eine Teilnehmerin oder ein Teilnehmer sich liebevoll irgendeine Datei an die Brust drückt? Und den eigenen Kindern zeigt? Genau das werden sie aber mit dem leibhaftigen Buch-Ergebnis ihres Kurses machen, blättern, verweilen und vielleicht sagen: Guck mal, was wir damals gemacht haben!

Vielleicht wird bei den allermeisten aus dem Schreiben kein Beruf, das ist auch gut so. Der Job ist hart und wird oft schöngeredet.

Das Schreiben aber, ganz für sich, sollten sie behalten, die Schreiberinnen und Schreiber des Kurses und alle, die noch kommen, auch.

Es ist eine besondere Art, sich die Welt zu erobern, die ganz kleine in unmittelbarer Nähe und die große. Wer schreibt, wird nie ein touristisches Stückgut sein, sondern sich seinen eigenen Blick und sein eigenes feines Gehör nicht nehmen lassen.

Unser Kopf, sagt Francis Picabia, sei rund gemacht, damit das Denken die Richtung ändern könne. Ein schöner Satz, für immer aufgeschrieben, auf dass man sich daran erinnere, dass Gedanken nicht geradeaus marschieren sollten wie Soldaten und dass man sich beim Denken gelegentlich drehen darf wie beim Tanzen.

Ich freue mich, dass ich über dieses Unternehmen einen Schirm halten durfte.

Sherko Fatah

Entgegen verbreiteten kulturpessimistischen Auffassungen ist das Bedürfnis nach Kreativität auch in der Generation der sogenannten Digital Natives stark. Jedenfalls scheint es mir so nach Erfahrungen mit diversen Schulklassen im Bereich Kreatives Schreiben.

Ein solches Angebot zu machen birgt ein gewisses Risiko. Werden die Schülerinnen und Schüler (auch jene, bei denen man ein Interesse am literarischen Schreiben voraussetzen kann) in der Wirklichkeit des Unterrichts dann die durchaus damit verbundene Anstrengung auf sich nehmen, einen in sich schlüssigen, so gut wie möglich formulierten Text nicht nur zu schreiben, sondern den anderen danach auch noch vorzustellen und ihn zu diskutieren? Jeder kennt die unangenehme Anspannung bei der „Veröffentlichung" von Eigenproduktionen – und sei es im kleinsten Kreis. Für das geschriebene Wort haben die meisten, übrigens auch der jungen Menschen, ein besonderes Sensorium. Man könnte sich in der Situation des Unterrichts zwar hinter geschriebenen Floskeln verstecken, um aber selbst etwas von der Anstrengung zu haben, um eine Erfahrung zu machen, muss man etwas von sich preisgeben. Erstaunlicherweise taten dies die Schülerinnen und Schüler, die ich bei den Schreibkursen traf, immer umstandslos und, wie mir schien, mit konzentriertem Eifer. Sie entwickelten die Tonlagen und sogar die Themen ihres kreativen Schreibens selbst. Ich hatte mich darauf verlegt, mithilfe tonloser Filmausschnitte eine Art Rahmen zu schaffen, damit bei aller Verschiedenheit der produzierten Texte ihre Vergleichbarkeit gewährleistet und auch im Gespräch darüber sichtbar bleibt, wie sich Unterschiede in der Wahrnehmung auf die geschriebenen Texte auswirken. Und auch hier wieder war ich erstaunt darüber, wie viele Spielarten der Interpretation sich wie selbstverständlich zeigten und auch als solche akzeptiert wurden.

Eine für mich also rundherum positive Erfahrung, die mir Folgendes zeigt: In einer Zeit umfassender Verfügbarkeit nicht nur von Daten, sondern auch von komplexeren Inhalten, das heißt auch ihrer Abrufbarkeit (und Kopierbarkeit) durch jedes Smartphone, sollte die Kreativität im Unterricht eine größere Rolle spielen. Nicht nur das Schreiben, auch die Musik und jede andere künstlerische Ausdrucksform kann das immer leichter werdende bloße Reproduzieren sinnvoll ergänzen. Etwas zu schaffen, in dem individuell Erfahrenes, vielleicht auch nur die eigene Konzentration und Aufmerksamkeit stecken, ist für Menschen wichtig und lässt sich nicht in einer Datenflut ertränken, sonst würde es längst schon niemand mehr tun. Man sollte die auch dort sehr in Mode gekommene Kreativität nicht dem Silicon Valley überlassen. Nicht immer, aber oft reichen dafür fast schon ein Stift und ein Stück Papier.

Thomas Hettche

Scheherazade

Die Schülerin kam zu spät zum ersten Workshop der Schreib-Kunst, viel zu spät, sie grüßte nicht, brachte keine Entschuldigung vor, setzte sich einfach wortlos in die Runde. Sie hatte mir vorab auch keinen Text geschickt, wie es verlangt gewesen war, und als sie schließlich an der Reihe war, etwas vorzulesen, hatte sie keinen Ausdruck dabei, sondern kramte ihr Smartphone hervor. All das führte dazu, dass ich eher unwillig war. Doch dann begann sie zu lesen, und es brauchte nur einen Satz, um meinen Widerstand zu beseitigen, zwei Sätze, um von dem Klang und dem Rhythmus ihrer Geschichte in den Bann geschlagen zu sein. „Ich komme die knarrenden, hölzernen Treppen hinauf, meine rechte Hand das kalte Metall des Geländers umschließend. Überzogen von einer schwarzen Schicht lässt es erahnen, was Dekaden zuvor glänzend das Innenleben des Hauses zierte. Der abgesplitterte Lack gestattet Einblick in das, was einst Farbe war. Farbe verlor langsam an sich selbst. Hände umfassen gleitend das Metall. Hände gleiten, gleiten über das, was Halt verspricht, das Geländer."

Der Zauber von Literatur ist letztlich nicht entschlüsselbar, wir wissen nicht, was uns beim Lesen oder Zuhören ergreift. Es kann die Geschichte sein, die erzählt wird, die Bilder, die ein Autor verwendet, oder der Klang seiner Sprache. Und weil das so ist, ist es nicht einfach, zu sagen, worin ein Unterricht eigentlich bestehen muss, der das Verfertigen literarischer Texte lehren will. Gewiss, man kann an den technischen Fertigkeiten arbeiten, die eine Geschichte ausmachen, an ihrem Aufbau, an der Figurenzeichnung, an der Erzählhaltung, am Satzbau, an den Metaphern und Bildern. In der SchreibKunst haben wir all das getan, und wenn ich jetzt die Geschichten wieder lese, die dabei entstanden sind, bin ich noch einmal gerührt von ihrer Individualität, denn alle Schülerinnen und Schüler haben sehr persönliche Texte verfasst und sich damit vor mir und ihren Mitschülern gezeigt, und ich bin stolz auf ihren Ehrgeiz, diese Texte wieder und wieder zu überarbeiten, vorzulesen und miteinander zu diskutieren.

Doch gerade dabei zeigte sich, dass Texte keine schulischen Aufgaben sind, die gelöst werden können. Mir wurde das wieder bewusst, als jene Schülerin ihre kurze Geschichte aus dem Smartphone vorlas. Eine Geschichte, die weitgehend perfekt war in ihrem Klang und der Dringlichkeit, die sie vermittelte. Alle Versuche, sie während unserer Workshops weiterzuschreiben oder zu verbessern, scheiterten. Was kann ein Projekt wie SchreibKunst vermitteln? Den eigenen Gefühlen zu trauen, um sich von ihnen distanzieren zu können, von sich abzusehen und zugleich auf sich zu achten, Regeln zu kennen, um sie zu brechen, das Eigene in fremden Bildern zu suchen und eigene Bilder für die Fremdheit in einem selbst. Dann und nur dann kann es geschehen, dass Literatur entsteht.

Das Wissen um ihren Zauber ist uralt. In den ursprünglich indischen, aber in Persien erstmals aufgezeichneten Erzählungen aus Tausendundeiner Nacht ist es Shahrazād, die wir Scheherazade nennen, die den grausamen König Schahrayâr, der jeden Tag eine neue Frau heiratet, um sie am nächsten Morgen töten zu lassen, mit der Geschichte, die sie ihm in ihrer Hochzeitnacht erzählt, dazu bewegt, sie am Leben zu lassen – damit sie weitererzählen kann, in der nächsten und der übernächsten und der überübernächsten Nacht … Sprache, deren Klang uns als Leser betört, tröstet auch ihren Autor, weil sie ihn frei macht. Alles Handwerk dient dieser Befreiung. Als ich die Schülerin fragte, wie sie heiße, sagte sie: Chahrazad.

Dalibor Marković und Dominique Macri, Team Scheller

Der Text ist das X auf der Schatzkarte

Wenn Jugendliche den Stift beiseitelegen, nach der Korrektur eines Vierzeilers am Ende des Gedichtes, das sie eben verfasst haben, und einem von uns beiden daraufhin das Papier hinhalten, meistens mit dem Hinweis, dass man hoffentlich die Handschrift entziffern werden könne; wenn sie dann, während einer von uns das Gedicht aufmerksam liest, vor Aufregung halb auf den Boden, halb auf unseren Gesichtsausdruck schielen, bis ihnen ihr Werk auf diesem besonderen Stück Papier zurückgereicht wird, verbunden mit einem aufmunternden Kommentar, so dass ihre Augen anfangen zu strahlen, dann ist das in zweifacher Hinsicht ein wundervoller Moment.

Einerseits zerstäuben in diesem Moment jegliche Unwägbarkeiten, die man vermuten könnte bei der Vermittlung einer derart feinfühligen und inwendig erlebten Ausdrucksform, die das Schreiben von Texten nun einmal darstellt. Es zerstäuben aber auch die Unsicherheiten der Jugendlichen bezüglich ihrer Fähigkeiten oder eigenen Erwartungen.

Andererseits spendet dieser Moment auch Hoffnung für die Zukunft. Insoweit, dass Literatur wieder als formbares Gut in unserer Gesellschaft empfunden wird, an dem man teilhaben kann, nicht nur als Konsument, sondern es wird eine Erlaubnis erteilt, sich ungezwungen mit eigenen Worten zu äußern, als Dichter oder Geschichtenerzähler. Die Vermittlung der handwerklichen Grundlagen des Schreibens und Vortragens ist dabei unerlässlich und wichtig, um die Schatztruhen, die in den Jugendlichen schlummern, langsam aufklappen zu lassen, die ihrerseits vollgefüllt sind mit Phantasien und Ideen.

Der geschriebene Text ist demnach eine in Worte gefasste Schatzkarte, um die Koordinaten der vergrabenen Truhe nicht mehr zu verlieren. Der Glanz dieser Schätze dringt nach außen, wenn der Text vollendet ist, er ist den Teilnehmern und Teilnehmerinnen förmlich anzusehen, sobald ihre Augen anfangen zu strahlen.

Lars Ruppel

Ein alter Mann am Fenster

Ich will nicht meckern oder fortschrittsskeptisch oder herablassend wirken, aber die Idole der jungen Leute sind echt fragwürdig. Youtube-Stars und Insta-Influencer sind Gurken: Ihr Nährwert ist so gering, dass man verhungern würde, wenn man nichts anderes äße. Solche Nullnummern gab es schon immer, und immer sind junge Leute ihnen hinterhergelaufen, ich fand Ash Ketchum ja auch besser als Nelson Mandela. Trotzdem glaube ich, dass

Menschen, die in dieser Gegenwart älter werden, mehr Kraft aufbringen müssen, um über sich selbst zu bestimmen, als wir damals. Das schlimmste Schimpfwort war „Stubenhocker", wer vor dem Bildschirm hing, galt als blasser Lauch, und unsere Eltern regelten den Konsum streng. Heute sind Bildschirme mit all ihren positiven wie negativen Begleiterscheinungen im Alltag unausweichlich, und die Vollprofis, die die Bildschirme bespielen, wissen genau, was hungrige Augen brauchen. Bei mir funktioniert es jedenfalls, ich ergebe mich den digitalen Verlockungen und habe den Kampf verloren. Deswegen liebe ich die Schreibworkshops, aus purem Egoismus. Wenn ich in einem Klassenzimmer mit einer Gruppe schreibinteressierter Menschen sitze, dann ist da kein schneller Schnitt, kein Effekt, keine Illusion, keine Schauspielerei, kein Filter, da sind nur Gedanken und Euphorie und Verzweiflung und Ruhe und Worte und das Geräusch von Schreibutensilien auf Blattoberflächen. Für mich ist das Urlaub und der schönste Anblick der Welt. Wenn sich Köpfe zum Zettel oder zum Nachdenken senken und nicht auf einen Bildschirm. Dieses Bild ist echt und mit „echt" meine ich nicht „authentisch", das gefährliche Adjektiv, mit dem die Social-Media-Monster ihre Masche verhüllen.

Dieses Buch ist kein Hochglanzprodukt, es ist nicht authentisch, es ist ein kleines Stück Freiheit.

Silke Scheuermann
Der Eisbär

„Sein Fell ähnelt dem Schnee“, so beginnt das Gedicht „Der Eisbär“ von William Carlos Williams, und wenn sich der eine oder andere Leser der hier im Band versammelten Tiergedichte fragen sollte, weshalb manche sich, gerade bei den Anfängen, in Ton und Duktus ähneln und wer da wohl von wem abgeschaut haben mag ... – so war es nicht. Alle durften, aber mussten nicht, in Anlehnung an das berühmte Gedicht arbeiten. Auf diese Weise sind an der Lichtenbergschule Darmstadt zahlreiche Tiergedichte zu allen nur denkbaren fliegenden, huschenden und krabbelnden Geschöpfen entstanden.

Gerade sehr jungen Schülern fällt es im Workshop leichter, einfach den Stift zu sehen und mit dem Schreiben zu beginnen, wenn sie einen Text wie den „Eisbären“ zur Orientierung bekommen und nicht erst lange über Thematik und Form nachgrübeln müssen. Denn ein so großartiges Gedicht lässt sich auf mehreren Ebenen lesen, und man muss nicht gleich alles verstehen – es reicht erst einmal, damit Spiellust, Witz und eigene Ideen anzuregen. *William Carlos Williams, Der Eisbär*

Sein Fell ähnelt dem Schnee
tiefem Schnee
dem männlichen Schnee
der angreift und lautlos

tötet wenn er fällt
die Welt einhüllend
damit sie schläft dass
die unterbrochene Stille zurückkehre

um sich niederzulegen mit uns
ihre Arme
um unseren Nacken
mörderisch für eine kurze Zeit

Durch die eigene kreative Beschäftigung entsteht ein besonderes Gefühl der Verbundenheit mit großer Literatur.

Ganz ähnlich sind die Collagen die hier auf den Bildseiten zu sehen sind, entstanden – keine Geringere als die Nobelpreisträgerin Herta Müller hat sie für sich erfunden. Der Österreicher Ernst Jandl lieferte mit seinen Kürzestpoemen „Naturgedicht“ (Hund/Haufen) oder „Shoppinggedicht“ (Geld/weg) Anregung zu den Zweizeilern; und falls jemand sich beim Blättern irritiert zeigen sollte, dass da ständig ein gewisser „Großer Zauberer Persky“ zu finden ist, so liegt dies daran, dass mit ihm eine fabelhafte Kurzgeschichte von Woody Allen beginnt und wir ihn entlehnt haben. Bei Allen lässt der „große Persky“ nämlich Interessierte (gegen eine Gebühr) eine Zeitlang in ihr Lieblingsbuch eintauchen: Der Betreffende muss dazu nur in Perskys chinesisches Schränkchen hineinsteigen, dann wirft Persky das Lieblingsbuch hinein, und an der Seite, auf der es sich zufällig aufschlägt, findet der Schrank-Reisende sich wieder. In welche Lieblingsbücher sich die SchreibKunstschüler „fallen“ ließen und wie sie ihre Helden leibhaftig erlebten, ob und wie sie das Geschehen veränderten, auch das können Sie hier in der Anthologie erfahren.

Ich danke der wunderbar engagierten Erika Schellenberger und den Lehrerinnen Margit Sachse und Nicole Rosenthal – und natürlich allen Schülerinnen und Schülern – es hat Spaß gemacht mit euch.

FREIHEIT SUCHT WEG

Lea Wallrabenstein

Abtauchen in: „Warrior Cats“ von Erin Hunter

Ich blickte in das blaue Auge des großen Persky, das durch den Türspalt lugte. Ein schmaler Lichtstrahl kam durch die Öffnung ins Innere, sonst war alles dunkel. Fest klammerte ich mich an mein Buch. Persky grinste breit, wobei die Falten um seine Augen spielten. „Bereit?“, fragte er. „Nein!“, wollte ich schreien. Ich wollte hinausrennen in Sicherheit, doch ich nickte und kämpfte gegen meine immer größer werdende Panik an. Mit einem Knarren schloss der Zauberer die Tür. Ich atmete tief durch, doch es half nichts. Was, wenn ich mitten in einem Kampf landen würde? Es wirbelten noch so viele andere Fragen durch meinen Kopf, doch ich hatte nicht viel Zeit zum Nachdenken. Entfernt hörte ich das dreimalige Klopfen. Es hallte in meinen Ohren nach wie ein Echo. Ich spielte noch mit dem Gedanken, aus dem Schrank zu klettern, doch da wurde ich schon in einem Strudel aus Licht verschluckt. Ich strampelte ängstlich, bis ich bemerkte, dass ich schwebte. Ich schwebte! Es fühlte sich komisch an, aber dennoch war es nach all dem Stress der letzten Tage ein befreiendes Gefühl. Ich war frei und flog mit dem hellen Schein. Als ich ihn streifte, stoben die bunten Lichtpartikel auseinander. Plötzlich wurde mir klar, dass ich Teil des Lichts war. Nicht ich bewegte mich im Licht, sondern das Licht bewegte sich um mich. Langsam veränderte es sich und kitzelte meine Nase. Ich lachte und drehte mich. So ausgelassen hatte ich mich schon lange nicht mehr gefühlt. Weit entfernt sah ich etwas. Zuerst konnte ich es nicht genau erkennen, doch dann schimmerte mir ein grünes Licht entgegen. Einerseits war ich traurig, als mir klar wurde, dass meine Reise schon zu Ende war, aber da war noch ein anderes neues Gefühl. Die Aufregung, die mir unter der Haut kribbelte. Das musste der Wald sein. Der Ort, zu dem ich schon, seit ich denken konnte, wollte. Schnell, so schnell wie Lichtgeschwindigkeit raste ich darauf zu. Einige Sekunden später krachte ich in Gestrüpp und verlor den Halt. Meine Aufregung verwandelte sich in Entsetzen, als ich feststellte, dass ich stürzte. Ich blinzelte, versuchte verzweifelt, mich irgendwo festzuhalten. Kräftige Zähne packten mich und hievten mich hoch. Panisch strampelte ich mit den Beinen, bis ich festen Halt hatte. Ich bohrte die Krallen in die Rinde des Baumstammes und drehte mich um. An den Baumstamm geklammert blickte ich zu meiner Retterin auf. Ich sah in die erleichterten blauen Augen einer schmalen graugetigerten Kätzin. Überrascht merkte ich, dass ich sie sofort erkannte. Ich wusste, wer sie war, und es kam mir so vor, als würde ich sie schon lange kennen. An Dinge, die im Buch nicht geschrieben standen und Ereignisse, von denen nie die Rede war, erinnerte ich mich. „Danke Rußpfote!", hauchte ich instinktiv. „Pass nächstes Mal einfach besser auf", sagte Rußpfote sanft. Ihre Augen blitzten und sie fügte schnippisch hinzu: „Nochmal kann ich dein Gewicht nicht halten!" Ich wusste, was nun passieren würde, ich hatte diese Stelle hundertmal gelesen. Gleich würde Rußpfote auf den nächsten Ast unter uns springen. Sie spannte die Muskeln sprungbereit an. Stopp!, wollte ich rufen, aber mein Mund gehorchte mir nicht. Ich konnte nur wie versteinert dastehen. Ehe ich es verhindern konnte, sprang die Kätzin geschmeidig durch die Luft. Es war genau so, wie ich es mir immer vorgestellt hatte. Ich konnte ihren

Sprung wie in Zeitlupe sehen, sah ihre zusammengekniffenen Augen und ihre gespannte Haltung, den gestreckten Schwanz und die ausgestreckten Pfoten. Ihre Vorderpfoten kamen auf, der Ast schwankte kurz unter ihrem Gewicht. Ich wollte die Augen zukneifen und sie nie wieder aufmachen, doch sogar dazu war ich nicht in der Lage. Ich hörte ein Knacken, als der Ast brach, und sah, wie sie mit einem angstvollen Aufschrei in die Tiefe stürzte. Ihre Augen huschten zu meinen. Sie schienen mich anzuflehen, ihr zu helfen, aber wenn ich sie hielte, würde die ganze Geschichte durcheinandergeraten. „Verzeih mir", wisperte ich. Ein Schmerz so groß, dass ich dachte, ich müsste von ihm erdrückt werden, durchschoss mich, als ich den dumpfen Aufprall und das Knacken ihrer Knochen, gefolgt von einem verzweifelten Schrei von Farnpelz hörte. Ich war schuld, dass Rußpfote gestürzt war. Ich muss weg! Nur dieser Gedanke erfüllte meinen Kopf (...).

Malou D. Meyer

Abtauchen in: „Silber-Trilogie“ von Kerstin Gier

Es machte kurz „Baff“ und schon stand ich auf einem Bürgersteig.

Um mich herum war alles in das Licht einer Straßenlaterne gehüllt. Suchend blickte ich mich um. Keine einzige Menschenseele war weit und breit zu sehen. In der Ferne hörte ich Motorenlärm näher kommen. Die Straße wurde nun von Autoscheinwerfern zusätzlich erhellt. Schnell versteckte ich mich hinter einem Auto. Ein dunkelgrüner Volkswagen hielt vor einem großen Backsteinhaus mit weißen Sprossenfenstern, mehreren Giebeln und Erkern. Das Haus war, wie alle Häuser hier, mit hohen Hecken und Mauern umgeben. Aus dem Auto stieg ein gutgebauter Mann, Marke Basketballspieler. Er hatte honigfarbene Haare, die im Licht der Straßenlaternen glänzten. Er trug einen Frack, versehen mit einem Orden. Überrascht schnappte ich nach Luft. Keinen Meter von mir entfernt stand Henry Harper und so, wie es aussah, wollte er Liv gerade für einen bevorstehenden Ball abholen. Henry schlug die Fahrertür zu und ging hastig auf die Haustür zu. Erst jetzt sah ich sein Gesicht.

Beinahe wäre mir ein entsetzter Schrei herausgerutscht. Sein Gesicht hätte ich mir nie im Leben so vorgestellt. In dem Buch hat er graue Augen, ein markantes Gesicht, einen hellen Teint und ein makelloses Gesicht. Hier, in der Wirklichkeit, hatten seine Augen die Farbe Grüngrau, sein Gesicht war leicht gebräunt und auf gar keinen Fall markant! Auch der Rest seines Gesichtes war anders. Unterhalb der rechten Schläfe hatte Henry eine zwei Zentimeter lange Narbe, die bis unters Auge führte.

Seine Lippen waren schmale, dünne Striche und kein bisschen voll.

Nachdem er geklingelt hatte, erklang ein gedämpftes „Ding Dong“ und keine fünf Sekunden später wurde die Tür geöffnet. Ich hörte eine männliche Stimme, die irgendetwas zu der in der Tür stehenden Person sagte. Leider verstand ich nicht, was sie sagte. Das Einzige, was ich dann hörte, war das darauf folgende mädchenhafte Kichern. Von meinem Versteck aus sah ich leider nicht, wer dort kicherte, aber ich vermutete, dass es Liv war. Vorsichtig schlich ich mich näher an das Haus heran.

Was ich sah, ließ mich leise aufkeuchen. Liv, die wunderschöne Liv, hatte ein langgezogenes Muttermal an ihrer Wange, was aussah wie ein großer Dreckfleck, und um ihren Mund herum sah ich Spuren von Blut. Ihre so wunderschön beschriebenen Haare waren fettig und hatten einen undefinierbaren Blondton, der so gar nichts mit dem strahlend weißblonden Haar zu tun hatte, das im Buch beschrieben wurde. Ich sah wortwörtlich der nackten Wahrheit ins Gesicht. Frustriert und enttäuscht ließ ich mich an der Autotür nach unten rutschen, auf den kalten Asphaltboden.

Ich habe dieses Experiment gewagt, weil ich mehr über die Personen herausfinden wollte, die ich glaubte so gut in Büchern kennen zu lernen. Mir ein besseres Bild von alldem machen wollte. Gerade mit Liv hatte ich mich so verbunden gefühlt und ich konnte mich in vielen Bereichen mit ihr identifizieren.

Jetzt wünschte ich mir nur, ich hätte es nie getan. (…)

Phoebe Baumgarten

Abtauchen in: „5 Sterne für Lola" von Isabel Nasrin Abedi

Hier bin ich also, in Hamburg, der Stadt von Lola Veloso. Ich kann es kaum glauben, dass ich nun hier bin. Eben war ich noch in einem Zauberschrank von dem großen Persky, einem sonderbaren Künstler, der von sich selber behauptete, einen in irgendein Buch zu zaubern. Eigentlich habe ich mich noch nie richtig für Zauberei interessiert und geglaubt habe ich daran eigentlich auch nie. Ich wollte ihm nur beweisen, dass er sowieso nicht zaubern konnte. Na ja, da hatte ich mich wohl getäuscht. Auf jeden Fall bin ich nun, wohlgemerkt für 20 Mäuse, in einem meiner Lieblingsbücher gelandet.

Ich frage mich, wo ich hier überhaupt bin. Dass ich hier in Hamburg bin, ist ja wohl klar, denn schließlich wohnt die Hauptperson, Lola Veloso, mit ihrer Familie hier. Ich glaube, ich schaue mich am besten einfach mal um. Vielleicht treffe ich ja zufällig Flo, Lola oder sogar Tante Lisbeth. Das wäre ja mal richtig cool – … Inzwischen ist es schon 15:36 Uhr. Das habe ich an einer Kirchturmuhr gesehen. Normalerweise müsste Lola schon zuhause sein … Wo wohnt sie gleich nochmal? Ach ja … In der Bismarckstraße 44. Aber wo ist das denn hier? Am besten frage ich mal jemanden, der sich hier auskennt. „Entschuldigung … Könnten Sie mir bitte sagen, wo die Bismarckstraße 44 ist?" Das ist jetzt schon mein vierter Anlauf. Es will mir einfach keiner so recht zuhören. Alle sind nur mit sich selbst beschäftigt. „Warum suchst du denn die Bismarckstraße 44? Das ist ja ein Zufall! Genau da wohne ich. Kann ich dir irgendwie helfen?" Ein nettes Mädchen mit blonden, lockigen Haaren kommt auf mich zu.

„Du bist Lola, oder? Ich kenne dich schon seit der 3. Klasse … Ich weiß alles über dich … Dein Vater ist Brasilianer, du nennst ihn immer Papai. Deine Mutter ist Krankenschwester, sie erzählt dir oft verrückte Geschichten. Wenn du nicht schlafen kannst, denkst du, du wärst jemand anderes … Du warst schon Jacky Jones, ein berühmter Popstar, Lo.Ve., eine wilde Reporterin, und gerade müsstest du Cocada Delicada, eine berühmte Sterneköchin, sein. Ich bin übrigens Emma. Und wer du bist, weiß ich ja bereits", sprudelt es einfach aus mir heraus. „Kennen wir uns?“, fragt Lola nun ein bisschen verblüfft zurück. „Und woher weißt du das alles über mich? Ich kann mich nicht daran erinnern, dich schon mal gesehen zu haben …“ „Keine Sorge, wir kennen uns auch nicht. Ich kenne dich aus deinen Büchern. Die Geschichten, die du erlebst, sind super spannend und total witzig!“, versuche ich zu erklären. „Es gibt Bücher von mir? Was werde ich in der Zukunft machen? Was werde ich später als Beruf machen?“ „Wie wäre es, wenn ich dir in der Perle des Südens alles erkläre? Ich meine, auf einen Drink. Leider habe ich kein Geld dabei … Könntest du mich vielleicht einladen?“ „Na klar. Komm, lass uns gehen.“ (…)

Paulina Dauth

Abtauchen in: „Herr der Diebe“ von Cornelia Funke

Seit ich aus Perskys Zauberschrank gekommen bin, suche ich Prosper und Bo, Scipio, Viktor, Wespe, Mosca und Riccio. Es ist wahr: Venedig hat zu viele Gassen und Gänge. Ich könnte ja für Jahre suchen!!! Zum Glück bin ich auf die Idee gekommen, jemanden nach Viktors Adresse zu fragen. Jetzt heißt es, ab in seine Richtung! Aber wenn Viktor schon gefangen ist, wäre es doch blöd, wenn ich nur eine leere Wohnung finden würde. Also umdrehen und zu meinem vorherigen Standort zurückgehen. Persky hat ja das Buch in den Schrank mit reingeworfen, also hab' ich einen Wegweiser.

Mal sehen – hmm – ah, hier, Seite 120: Fondamenta Bollani 233. Also! Doch etwas Nützliches in diesem Buch! Genauso wie im Buch gibt es einen Kiosk in der Nähe, hinter dem ich mich gut verstecken kann, um zu warten, bis Scipio rein- oder rauskommt.

*

Ahh! Endlich, da ist Scipio! Ich laufe zu ihm hin und frage ihn, ob er kurz Zeit hat.

Wie erwartet, lehnt er ab, aber in der langen Zeit hinter dem Kiosk hab' ich mir schon eine Drohung ausgedacht: „Wenn du nicht mit mir sprichst, gehe ich zum Sternenversteck und sage allen, wer du wirklich bist.“

Das sitzt. Scipio wird kreidebleich und starrt mich entgeistert an. Ich lächele nett und frage: „Jetzt willst du wissen, woher ich dich und deine Freunde kenne, stimmt's?“

Er nickt, fasst sich und fragt mich erstaunt (im Buch ist er zwar nie so erstaunt wie jetzt, aber ich find' ihn so erstaunt eher wie einen Menschen und nicht wie irgendeine blöde Comicfigur): „Wer bist du überhaupt?" „Gestatten: Joey Habermann-Kant. Eigentlich heiße ich Johanna, aber niemand nennt mich so."

„Du weißt wahrscheinlich, wie ich heiße, Scipio Massimo, Sohn von Dottore Massimo dem dritten. Und woher weißt du jetzt so viel über mich?"

Ich gebe ihm das Buch, das plötzlich wunderbarerweise auch auf Italienisch ist, und sage: „Wenn du das hier liest, weißt du es. Es wird schon spät und ich gehe in das Hotel, wo ich ein Zimmer gebucht hab' Morgen treffen wir uns wieder hier, dann können wir reden."

*

Heute komme ich ganz früh zum Kiosk.

Scipio wartet schon auf mich, und ich sehe schon von Weitem, wie aufgeregt er ist. „Wir trauen dem Conte nie!", ruft er mir entgegen, „und ich werde nie erwachsen!" Ich komme ihm schon näher. „Hier ist dein Buch. Ich muss sofort zum Sternenversteck! Du kommst natürlich auch mit." (...).

Clara Drewelies

Abtauchen in: „Nördlich von Nirgendwo" von Liz Kessler

Warum muss mich Theo immer zu diesem blöden Zauberer mitnehmen?

Wäre da nicht diese eingebildete Katze, wäre es vielleicht ganz amüsant, aber nein – die Katze Odina muss mich immer aufziehen wegen jeder Kleinigkeit.

Am schlimmsten ist es, wenn sie Theo auslacht, wenn er einen Fehler macht, denn er will Zauberer werden wie Persky. Also, wenn Odina Theo auslacht, werde ich wütend – nein, turbomegaextremwütend, und dann renne ich auf Odina zu und will ihr in den Schwanz beißen, und sie hat nichts Besseres zu tun, als Persky zu sagen: „Der Köter ärgert mich." Und er sagt wie immer zu Theo, dass er mir sagen soll, dass ich leise sein soll.

Mann, wenn ich nur diese Goudageplauderkekse finden würde, die Persky Odina gegeben hat, damit sie mit ihm spricht. Wenn ich sie auch essen würde, könnte ich erzählen, was Odina Theo antut. Na gut, das war genug Vorgeschichte. Oh halt, ich habe vergessen zu sagen, wie ich heiße: Ich heiße Mat. Also, jetzt kann es losgehen:

An einem dieser Tage hatte ich keine Lust mehr auf Odina und bin in einen Schrank geklettert. Der Schrank war reich verziert und von innen war er mit weichem Samt bezogen. Wie ich später erfahren würde, war dies nicht irgendein Schrank, sondern ein Zauberschrank. Das Problem war, dass Odina wusste, wie der Schrank funktioniert. Ich wusste es nicht.

Auf alle Fälle war ich plötzlich weg.

Was mich außerdem wunderte, war, dass ich plötzlich ein Bordercollie war. Ich lag auf dem Boden, um über den Schock hinwegzukommen, als plötzlich ein Mädchen kam und „Flanke" rief. Ich schaute mich um, um zu schauen, wo Flanke ist – vielleicht ein netter Hund, der mir alles erklärt? Aber zu meinem Entsetzen schaute sie mich nun an und sagte wieder: „Flanke, komm endlich, Bewegung tut gut!"

Also richtete ich mich mühsam auf und trottete dem Mädchen hinterher. Als wir am Esszimmer vorbeikamen, sagte eine Frau zu dem Mädchen: „Gute Idee, Mia, geh mit Flanke spazieren und schau dich ein bisschen um in Potthaven." Also, ich fasse noch mal zusammen (für die, die den Text nur überflogen haben und mein Schicksal dann doch interessant finden):

1. Ich wurde wegen dieser blöden Katze durch einen Zauberschrank irgendwo hingebracht. 2. Ich stecke in einem Bordercollliekörper fest und werde mit dem Namen Flanke gerufen. 3. Diese Mia scheint auch nicht freiwillig hier zu sein, was bedeutet, dass ich eine Seelenverwandte habe.

Wir gingen nun zu einem kleinen Strand. Plötzlich setzte sich Mia in den Sand und fing an zu erzählen. „Ach Flanke, wie gerne würde ich jetzt mit meinen Freundinnen einkaufen gehen oder im Kino sitzen. Aber nein, Opa ist verschwunden und wir müssen unbedingt in diesem Kaff Oma unterstützen." Auf einmal fing sie an zu schluchzen. Tröstend legte ich meinen Kopf auf ihre Beine. Sie dankte mir leise.

So saßen wir eine Weile einfach nur da und schwiegen. Sie hing ihren Gedanken nach und ich meinen. Meine Gedanken widmete ich Theo. Würde ich je wieder zurückkommen? Oder werde ich für immer hier feststecken? Ich wusste es nicht. (…)

Sophia Böcker

Abtauchen in „Warrior Cats, Staffel 4, Band 6, Die letzte Hoffnung"

Kätzin Sina ging spazieren, denn es war sonnig, warm und die Straße war menschenleer. Übermütig sprang sie auf Steine, Äste und in Pfützen. Allmählich wurde es kühl und es folgte ein starker Regenguss. Sina entschied, nach Hause zu gehen. Plötzlich erleuchtete ein Blitz den Himmel. Der Asphalt wurde schlammig und sie rutschte immer wieder aus. Der Weg nach Hause war noch weit. Deshalb schlüpfte sie schnell durch eine offene Tür in ein kleines, ziemlich schäbig wirkendes Haus hinein. *Meine Hausleute werden sich schon keine Sorgen machen. Außerdem ist es hier ganz heimelig. Ich glaube, ich bleibe erst mal,* dachte sie. Der Raum, in dem sie nun stand, hätte nicht chaotischer sein können: Zeitschriften und dicke Wälzer lagen überall verstreut auf dem Boden, ein mottenzerfressenes Sofa an der linken und ein kleiner, gelb gestrichener Schrank an der rechten Seite waren die einzigen Möbelstücke und gegenüber hing ein schönes Bild neben einer rot-schwarz gestreiften Tür. Aus dem Schrank sah Sina eine Decke heraushängen und so kuschelte sie sich ein. Sie hörte gerade noch zwei Männerstimmen, die sich zuriefen: „Oh Boris! Hier ist eine Katze! Jetzt können wir endlich das Experiment machen!" „Ja, Persky! Das wird der Durchbruch! Wie wär`s mit Warrior Cats, Staffel 4, Band 6?" – Und dann schlummerte sie ein.

Stechender Schmerz auf ihrer Schnauze weckte sie. Sina traute ihren Augen kaum. Vor ihr standen drei vom Kampf gezeichnete, große Katzen, es waren zwei Kätzinnen und ein Kater. Hinter den dreien konnte sie einen Wald erkennen. *Wie geht denn das?, fragte sie sich. Ich war doch eben noch im Schrank! Hmmm ... Wahrscheinlich bin ich vorhin im Park eingeschlafen und habe den Weg nach Hause nur geträumt. Der Schmerz fühlt sich zu echt an, um ein Traum zu sein.* Wieder ein Schlag. Plötzlich trat der Kater vor und knurrte: „Du befindest dich auf den Jagdgründen des Donner-Clans. Wer bist du? Eine von Tigersterns Spitzeln? Sag' s lieber gleich, du Mäusedreck!" Die sandfarbene Kätzin beschwichtigte: „Beruhige dich, Fuchssprung. Sie ist erst sieben bis neun Monde alt, für mich sieht sie eher wie ein verirrtes Hauskätzchen aus und außerdem..." – ihr Miauen klang belustigt – „wäre sie eine miserable Spionin, wenn sie auf den Stammwegen des Clans einschläft. Was denkst du, Eichhornschweif?" Eine feuerrote Kätzin ergriff das Wort: „Vielleicht ist das eine Falle. Bringen wir sie ins Lager. Eine Katze sollte hinter der Patrouille nach einem Hinterhalt Ausschau halten. „Bist du verrückt!", antwortete Fuchssprung barsch, „sie könnte eine Spionin sein! Stimmt's Sandsturm?" „Zeige etwas mehr Respekt vor Eichhornschweif!", miaute die Kätzin Sandsturm mit dem sandfarbenen Fell, „sie hat Recht! Bringen wir sie ins Lager! Fuchssprung, du läufst hinten!" Sina mischte sich nun ein: „Stopp! Würde mich mal hier jemand mitreden lassen? Ich bin hier nur eingeschlafen und will euch nichts Böses!" Doch außer einem feindseligen Anfunkeln von Fuchssprung bekam sie keine Antwort. Die fremden Katzen umkreisten Sina und rannten los. Das Hauskätzchen kam kaum mit, aber es wollte seine Schwäche nicht zeigen.

Währenddessen hatte Fuchssprung sie überholt und hielt plötzlich an. Sina rannte in ihn hinein und der Kater fuhr fast aus dem Pelz. „Bleib bloß weg von mir!“, knurrte er, bevor er die Patrouille mit den Worten „wir müssen sie nicht ins Lager schleppen, das würde nur Panik hervorrufen. Ich hole Feuerstern!“, verließ. *Na klar,* dachte Sina, *und Igel können fliegen! Der will mich nur los sein. Das beruht auf Gegenseitigkeit, du dämliche Fellkugel!* Sie sah, wie Fuchssprung geschwind durch einen kleinen, dornigen Tunnel kroch und mit einem flammenfarbenen Kater wieder herauskam.

Irgendetwas an der Erscheinung des Katers kam Sina vertrauenswürdig vor. Ein freundlicher, aber auch vorsichtiger Ausdruck lag in seinen Augen und er war irgendwie anders als die anderen Waldkatzen. Der Kater sprach: „Ich bin der Anführer dieses Clans und heiße Feuerstern. Meine Krieger haben dich auf unserem Territorium schlafend gefunden. Was hast du dazu zu sagen?“

Sina, die allmählich zu der Feststellung gekommen war, dass es am besten wäre, sich als kleines verirrtes Hauskätzchen auszugeben, sagte mit leicht zitternder Stimme: „Ich bin keine Gefahr für euch, denn ich habe mich verirrt. Ich lebe eigentlich bei meinen Hausleuten. Wer seid ihr und wo bin ich hier?“ (…)

Sarah Rahman

Adler

So frei wie der Wind
fliegt er im Wind
dem eisigen Wind
der eisigen Nacht,
der Nacht, in der man vereist,
wenn man ihn nicht beherrschen kann,
den Wind, in der man
von Kälte ermordet wird.

Clara Hofstätter

Am Ende sind wir alle grau

Ich funktioniere. Schon morgens, sobald ich die Augen öffne, lebe ich den Film, der sich täglich in Dauerschleife wiederholt. Ich stehe auf, die Müdigkeit spüre ich nicht, doch ich weiß aus Gewohnheit, dass sie da ist. Da sein sollte. Es wäre natürlich, doch an mir ist nichts Natürliches mehr.

Automatisiert laufe ich ins Bad, später aus dem Haus und fahre mit dem Fahrrad zur Schule. Spätestens, wenn mir der kalte Fahrtwind ins Gesicht schlägt, wird das letzte bisschen Schlaf verscheucht. In meinen Träumen darf ich das Kind sein, das ich eigentlich hätte sein sollen, doch hier draußen muss ich funktionieren, Leistung bringen.

In der Schule angekommen, geht es darum, sich zu beweisen. Wir werden trainiert, zu wissen, zu können, einen Nutzen zu haben. Einen Nutzen für die Gesellschaft, und statt eigenständig zu denken, werden wir getrimmt, das breite Band an Wissen auswendig zu können. Es auf Bedarf abzurufen und so den Anforderungen gerecht zu werden, die man uns stellt. Jeder Unterricht ist gleich. Mitdenken wird als ständiges Mantra wiederholt. Doch es ist nur eine Aufforderung, den sonst gewohnten Leistungen zu entsprechen oder diese zu überbieten. Schlechte Tage gibt es nicht. Maschinen funktionieren stetig. Und nichts anderes sind wir.

In der Mittagspause esse ich eine Kleinigkeit. Früher hätte ich gelächelt, es hätte mir geschmeckt. Heute schmecke ich nichts mehr. Ich esse nur, um mein Gehirn, den Motor, mit Kraftstoff zu versorgen. Ich überlege, wann es sich geändert hat, dass mein Gehirn die Kontrolle übernahm und mein Herz sich zurückzog. Nur noch dafür da war, den Motor mit Blut zu versorgen. Alles, auf das es in diesem Leben ankommt, ist Rationalität, keine Gefühle. Der kalte Wille statt des warmen Herzens.

Und es geht weiter bis in den Nachmittag. Auch hier werden Leistungen erwartet. Die Zeit spielt keine Rolle, das System lässt sich nicht ändern. Ich merke die Anstrengung nicht, der Ablauf ist zur Routine geworden.

Abends im Training kann ich mich entspannen. Auch hier muss ich Leistung bringen, aber die Abläufe kann ich mittlerweile, sodass ich mein Gehirn ausschalten kann. Das, von dem sonst alles abhängt. Entspannung pur. Körperliche Anstrengung statt geistiger. Meine Muskeln spielen und ich liebe die Kraft, die mich durchströmt. Es gehört zu meinen besseren Entscheidungen, mich für Kampfsport entschieden zu haben. Ich falle in eine Art Trance, aus der ich erst erwache, wenn ich nach der gewohnten Dusche einschlafe. In dem Wissen, der morgige Tag wird nicht anders. In meiner Kindheit war das anders und ich würde sie vielleicht vermissen, wenn ich etwas wie Schmerz noch fühlen könnte. Aber irgendwann wurden Gefühle von Vernunft abgelöst. An den genauen Moment kann ich mich nicht mehr erinnern. Irgendwann im Vorgang der Entwicklung zur Maschine. Roboter sind billiger, wenn man sie erzieht statt baut.

Dieser Trancezustand ist wie eine Krankheit, frisst sich immer weiter, wird schlimmer und macht mich unaufmerksam und gleichgültig meiner Umgebung gegenüber. Täglich laufen hunderte von Menschen in unserer Schule aneinander vorbei, ohne sich zu bemerken. Sie sind blind und krank. Ich sehe mich um, merke, dass sie alle grau sind, und weiß, dass auch ich es bin.

Clara Sophie Maximiliane Witt

Angst. Sie nagt.

(Ausschnitt aus einem Langgedicht)

Angst. Sie nagt.
Zuerst an den Ideen,
dann am Vorangehen,
schließlich beim Stehen.

Deine Haut wird dir selbst zum Fraß vorgeworfen;
und, weil du schon immer fleißig warst,
verschwindet

Stück um Stück,
immer mehr:
nicht nur von dir, nein,
nagend ist der Gedanke, der
alles um dich herum
ineinanderfließen lässt.

Das Letzte, was dir bleibt,
ist die Grenze zwischen dir
und der Welt,
doch immer mehr
und immer wieder,
fühlst du dich dennoch bloßgestellt.

Angst. Sie nagt, sie beißt.
Stück um Stück,
Biss um Biss,
lässt sie dich nicht mehr los und wird
ein treuer Begleiter.
(…)

Aaron Igob
Bowlinggedicht

rollen
grollen

Sarah Rahman
Büchereigedicht

Dick!
Lesen!

Yann Hendrickx

Das Chamäleon

Seine Haut wie Blätter im Herbst
fallende Blätter
den farbigen Blättern
die langsam und lautlos

gleiten auf den Boden
den Boden überdeckend
damit es sich darin auflöst
die Welt darunter ruhig wird

starrt uns mit Riesenaugen an
seine Zunge
um seine Beute
regungslos für lange Zeit

Francesca Fiedler

Das Eichhörnchen

Sein Fell ähnelt dem Feuer
glühendem Feuer
dem lebendigen Feuer,
das flink über den Rasen huscht.

einzelne Bucheckern sammelt,
damit es in der Winterzeit
genug zu fressen hat
in seinem Unterschlupf

Und manchmal, wenn es kurz
wieder hinaus
aus seinem Kobel kriecht,
sehen wir es und freuen uns.

Mark Wiesmann

Das Goldene Vlies

„Hey.“

„Hey.“

„Wie geht es dir?“

„Ganz gut und dir?“

So fing es in den meisten Fällen an. Ein Klick, und eine neue Person tauchte auf. Es waren nach einiger Zeit keine Menschen mehr, vielmehr Buchstaben, die es zu entschlüsseln galt. Es begann, wie so oft, mit einem einfachen Gedankenzug. Der Tag war lang, die Aktivitäten dagegen waren nur von kurzer Dauer. Die Schule wurde betreten, meine Füße waren auf dem Boden des Hinterhofes, da merkte ich schon, wie mein Atem, der sich die ganze Zeit in Rauch gezeigt hatte, nun durch das Entgegenkommen des Gebäudes verflüchtigt hatte. Meine Mitschüler begrüßten mich, allen voran meine guten Freunde Gabriel und Andreas. Es war das alltägliche Allerlei, wir redeten über Sodom und Gomorrha und warteten auf den Anfang des Unterrichts. Da war auch Viktoria, in die ich mich vor einiger Zeit verliebt hatte und mich vor drei Monaten getraut hatte, ihr dies zu gestehen. Ich spürte, wie meine Brust schmerzte, als ich sie sah.

„Hey, Jason, was hältst du von diesem Mädchen?“, fragte mich Andreas und hielt mir sein Smartphone vor die Nase. Eine junge Dame mit schwarzbraunen Haaren und blauen Augen präsentierte er mir.

„Sieht ganz hübsch aus, wer ist sie?“, fragte ich ihn.

„Sie heißt Linda, glaube ich, ich kenn’ sie aus dem Internet.“ Ich war verwundert, was er damit meinte, dass er sie aus dem Internet kannte. Hatte er sie über ein soziales Netzwerk kennengelernt oder durch ein Videospiel? Bevor ich ihn das fragen konnte, begann schon der Unterricht und meine Frage vergaß ich dann auch. Bei neuen Informationen war mein Kopf wie ein Sieb, vieles wurde reingeworfen, doch nur ein paar Krümel blieben hängen.

Doch als ich zu Hause war und an meinem PC ein neues Videospiel testete, fiel mir meine Frage wieder ein. "Wie lernt man Menschen im Internet kennen?" Um ehrlich zu sein, war ich kein großer Fan von menschlichen Interaktionen im Internet.

Trotzdem wollte ich meiner Frage nachgehen. Vielleicht würde ich Blut lecken.

Auf Google gab ich „mit fremden Leuten schreiben" ein und siehe da, eine Seite ploppte auf. Sie nannte sich Omegle. Die Seite gab mir die Empfehlung, dass ich „Hi" schreiben sollte und ich tat dies:

„Hi"

„Hey, m oder w?", kam als Antwort zurück. Ich wusste nicht, was damit gemeint sein sollte. Nach kurzem Nachdenken kam ich auf die Antwort: „m" steht für „männlich", „w" für „weiblich". Doch bevor ich für m meine ehrliche Antwort schreiben konnte, stand da schon, dass der Fremde sich vom Gespräch getrennt hat. Es erinnerte mich ein wenig an Speed-Dating, das die "aus den Augen, aus dem Sinn"-Ideologie verfolgte. Mir gefiel dies nicht. Wo bleibt denn bei dieser Ideologie die Geduld, das Feingefühl, die Empathie? Ich schaltete gelangweilt meinen PC aus und ging zu Bett. Doch ich konnte nicht schlafen.

„Hey"

„Hi"

„m oder w?"

„m und du?" Und schon hat sich der oder die Fremde ausgeklickt. Das passierte ein Dutzend Mal, bis ich begriff, wie das Spiel funktionierte. Als männliche Gestalt war es das Ziel, eine weibliche Person zu finden. Nach unzähligen Neustarts der Website fand ich schlussendlich ein Ziel.

„w und du?"

„m, wie alt bist du?"

„ich bin 14 und du?"

„16", antwortete ich ihr und sie verschwand wieder in den Tiefen des Internets. Für meinen ersten „Erfolg" war ich wohl etwas zu alt. Und es sollten wieder zehn Minuten vergehen, bis ich ein nächstes Mädchen finden sollte. Diesmal war sie aber im passenden Alter und ich konnte ihr endlich persönlichere Fragen stellen.

„Und, was sind so deine Hobbys?"

„Ich male und geh' tanzen, sonst nur Freunde treffen und so haha." Zum ersten Mal schien ich einer netten Fremden entgegenzutreten. Doch nach einiger Zeit fielen uns keine Themen mehr ein. Ich „klickte" weiter und ließ die Fremde ziehen, um eine Neue zu suchen. Ich bemerkte nach den nächsten Gesprächen auch noch etwas Essentielles. Die männlichen Besucher suchten nach der sexuellen Befriedigung. Mehr noch, sie sehnten sich nach sexueller Bestätigung. Sie stellten Fragen: *„Was ist deine Körbchengröße?"* oder *„Hast du Lust, heute Nacht noch Sex mit mir zu haben?"* oder etwas unangenehm Persönliches wie *„Ich mache es mir gerade selbst, willst du mir dabei helfen, Süße?"* Und dabei habe ich noch nicht mal geantwortet, dass ich das gleiche Geschlecht besaß.

Doch unter all den sexuell aufgeladenen Kerlen fand ich ein Mädchen, das sagte, es sei 18.

„und was machst du so?"

„an mir rumspielen und du?" Ich war verblüfft. Es gab nicht nur männliche Individuen, die sexuelle Befriedigung suchten, auch weibliche waren dem nicht abgeneigt. Es war mir aber zu viel und ich klickte weg. Nach einigen späteren Chats bereute ich diese Entscheidung dann aber doch. Hätte ich mich darauf einlassen sollen?

Mir fiel das Aufstehen des nächsten Tages und das Aufbrechen zur Schule ziemlich schwer. Und auch die ganze Zeit dachte ich nur an Omegle. Omegle, das Reich der Anonymität, der Sünde und der Neugierde. „Hey Jason, was ist denn mit dir los, hast du noch geschlafen, als du auf dem Weg zur Schule warst?", fragte mich Andreas, den ich nur verschwommen sehen konnte. Er zeigte auf meine Schuhe und ich sah, dass ich wohl müder war, als ich dachte. Ich war nur mit einer Sandale in die Schule gekommen, mein rechter Fuß war vor Schmutz und Abschürfungen der Haut nicht mehr wiederzuerkennen. Dies führte dazu, dass ich an dem Tag zur Witzfigur der ganzen Schule wurde und umso mehr freute ich mich auf mein wohlig warmes Bett. Zu Hause fiel ich endlich mit voller Bekleidung (und einem Schuh) in mein Bett. Es war so, als würde mein Computer mit mir sprechen. Ich erlag der Verlockung.

„Hey, was hast du an?" Das Mädchen, das ich fand, war voller sexueller Energie. Und ich antwortete mit ebenso eindeutigen Avancen.

„Wenn ich bei dir wäre, würde ich deine Kleider vom Leib reißen und anfangen, deinen ganzen Körper zu liebkosen." Ich

wurde zu einem Fan von erotischem Schreiben und investierte auf Omegle viel Zeit. Einen Augenblick später erschien eine nächste Person, die mein Interesse geweckt hat.

„Heey.“

„Heeey.“

„Was machst du so?“„Ich sollte eigentlich lernen, aber ich habe keine Motivation dazu.“

„Das sollte ich auch.“

„Eine Gemeinsamkeit haben wir schon mal.“

Ihre Worte hatten bei mir Neugierde geweckt, sie wirkte anders als andere Chatpartner. Sie gefiel mir, unser Gespräch hatte einen schönen Rhythmus aufgebaut, dem ich mich nur ungern entzog. Sie zeigte mir, dass die Seite nicht nur aus flüchtigen erotischen Bekanntschaften bestand, sie war für mich zu einem Ort geworden, an dem ich mit ernstzunehmenden Personen Gespräche führte, die sehr persönlich waren und die mir auch halfen, mich zu verstehen und zu wissen, dass ich nicht der Einzige mit Sorgen bin, und dafür war ich sehr dankbar. Mit meinen Freunden führte ich nie Gespräche, die tiefsinnig und manchmal tragisch waren. In Omegle fand ich einen Ort, an dem meine Ängste und Geheimnisse aufgehoben waren. Hinter den Wörtern, Zeilen und Buchstaben sah ich einen klar erkennbaren Körper. Mit Narben versehen, aber doch irgendwie wunderschön anzusehen und nicht mehr aus meinem Leben wegzudenken. Das Beste, was mir je passieren konnte. Die Schule wurde zu einem Schatten eines Gebäudes und während der Schulzeit warf ich nur wenige Blicke auf meine Mitschüler. Ihre Körper sahen für mich aus wie Umrisse aus einer vergangenen Epoche.

Phoebe Baumgarten

Das Känguru

Sein Fell ähnelt der Steppe
einer trockenen Steppe
kahle Sträucher in der Sonne
kein Erbarmen

Beschützt, was es liebt
wärmt und erzieht es
es soll behütet sein
es wird keine Angst haben

Hopst durch die Stille
kahle Sträucher, wenig Wasser
die Wärme verfolgt es
lässt es nicht los.

Lisa Oberbeck

Das Krokodil mit dem Wecker im Bauch

Wann bist du bei den Familientreffen vom Kindertisch auf den Erwachsenentisch umgestiegen? Wann hat dir das letzte Mal jemand gesagt, wie groß du doch geworden bist? Ist man mit 18 wirklich erwachsen?

All diese Fragen schwirren wirr in meinem Kopf herum, während ich im Bett liege und meine Peter-Pan-Stoffpuppe umklammere. Seit ich noch ein Kind war, bin ich fasziniert von Peter Pans Geschichte gewesen; damals kannte ich alle Dialoge des Films auswendig, träumte davon, mit Peter, Tinkerbell und Wendy immer der Nase nach nach Nimmerland zu fliegen, und dank Tigerlilly wollte ich mit drei Jahren Indianer sein.

Wendy hatte mich immer gelangweilt; sie war brav und setzte immer auf Vernunft. Wo andere Mädchen Prinzessinnen sein wollten, wollte ich nichts mehr, als mit Tigerlilly um den Marterpfahl zu tanzen. Und ich war fest davon überzeugt, dass dieser Traum irgendwann Realität werden würde. Doch jetzt, zwölf Jahre später, hat sich so viel und doch so wenig geändert. Ich war gezwungen, der Realität ins Auge zu blicken; den Traum vom Indianersein gab ich vor langer Zeit auf. Und ich bin zu einem Punkt gekommen, an dem ich nicht mehr Tigerlilly, sondern einfach nur Peter selbst sein möchte.

Ich bin jetzt fast 16 und ich fühle mich so verloren wie noch nie. Ich bin verwirrt und habe absolut keine Ahnung, was ich mit meinem Leben anfangen soll. Und sie sagen alle, das sei normal, dass die Pubertät die Selbstfindungsphase sei, aber ich habe das Gefühl, dass ich, bis auf ein paar Ausnahmen, die Einzige bin, auf die diese Aussage wirklich zutrifft, denn der Großteil der Menschen um mich herum scheint äußerlich so, als hätte er sich schon gefunden. Sie alle wissen, was sie in ihrer Zukunft machen wollen. Was sie studieren wollen, wie viele Kinder sie wollen, in was für einem Haus sie wohnen wollen.

Ich bedauere diese Menschen. Ich bedauere sie sehr, denn sie streben danach, mittelmäßig zu sein, und das ist eins der schlimmsten Dinge, die man sein kann.

Und ich? Ja, hm, ich. Ich hocke auf meinem Bett und weiß nicht, was ich mit dem angefangenen Tag anfangen soll. Ich spüre die Zeit an mir vorbeirennen. In zwei Jahren bin ich 18 und diese zwei Jahre sind morgen. „Du bist 15", sagen sie, „du hast dein ganzes Leben noch vor dir." Aber sie vergessen dabei, dass wir hier sind, um die Zeit totzuschlagen. Und wie Thoreau schon sagte: „Als ob man die Zeit totschlagen könnte, ohne die Ewigkeit zu verletzen."

Ich weiß, dass mein Leben jetzt schon so gut wie gelaufen ist, denn ich sehe mich als Rentnerin jetzt in diesem Moment auf einem Friedhof stehen und das Grab von Weiß-Gott-Wem bedauern.

Sobald ich 18 bin, habe ich mehr Rechte als vorher, aber somit auch mehr Verantwortung. Was ist, wenn man diese Rechte gar nicht will? Warum will die Mehrheit sie aber doch? Für die ganzen Rechte, die sie neu kriegen, nehmen sie die Verantwortung in Kauf. Ich würde lieber Kind bleiben und weniger Rechte haben, als „erwachsen" zu sein und endlos Verantwortung zu haben. Diese ganzen Leute in meinem Umfeld scheint das Erwachsenwerden so glücklich zu machen.

Aber ist man mit 18 wirklich erwachsen? Ich bezweifle es.

Manche Menschen sind es vielleicht, aber ich denke, die sind in der Minderheit.

Wie lächerlich ist das denn? Du bist 17 und darfst gerade mal Alkohol kaufen, welches eines deiner wenigen, mehr oder weniger vorteilhaften Privilegien ist, und dann, von der einen auf die andere Sekunde bist du 18 und die „Erwachsenen" nennen dich erwachsen. Gratulation, du bist jetzt einer von ihnen. Die emotionale Reife steigert sich laut unserem Gesetz binnen einer einzigen Sekunde. Um 23:59 Uhr warst du noch ein Kind und um 00:00 Uhr musst du Erwartungen erfüllen und Entscheidungen treffen, auf die du nie vorbereitet wurdest.

Ich bin nicht bereit.

Keiner außer dir selbst kann entscheiden, wann du bereit bist. Wann du erwachsen bist. Denn zum Erwachsensein gehört so viel mehr, als eine bestimmte Anzahl an Jahren gelebt zu haben. Erwachsensein heißt für mich, jegliche Albernheiten, jegliche Identifikation mit seinem jüngeren Selbst zurückzulassen. Erwachsensein heißt zu wissen, was man tut.

Aber egal, was du tust, du kannst die Zeit nicht zurückdrehen. 24 Stunden am Tag sind nicht genug und doch zu viel Zeit, um sich über all das Gedanken zu machen. 24 Stunden sind ein Dreihundertfünfundsechzigstel eines Wimpernschlags. Und jedes Jahr an Silvester kommt alles hoch, denn mal wieder ist nur die Zeit eines Blinzelns vergangen und alles fängt wieder von vorne an. Wenn du nicht aufpasst und zu oft blinzelst, liegst du plötzlich in der Kiste.

Ich möchte meinen Kindern und Enkeln nicht beim Großwerden zusehen, weil ich weiß, dass es mich nur traurig machen würde. Ich brauche niemanden, der mich daran erinnert, dass es mit mir zu Ende geht, ehe es überhaupt angefangen hat.

Ich bin nicht bereit zu sein, was in ihren Augen „frei" bedeutet. Denn ich werde und ich will ihre Erwartungen nicht erfüllen können. Man ist nur so lange ein Kind, solange man seine Träume bewahrt. Der Rest ist deine Entscheidung.

Vielleicht wäre mir eine Menge Dinge erspart geblieben, wenn ich damals einfach Aschenputtel statt Peter Pan geschaut hätte.

Das Krokodil mit dem Wecker im Bauch kommt immer näher. Ich kann es schon hören. Bald kommt es mich holen.

Aber ich bin doch nur Wendy, die einfach nur eine weitere Nacht im Kinderzimmer verbringen will, weil sie dort das Fenster für Peter aufgelassen hat. Denn sie verwahrt immer noch seinen Schatten in ihrer Schublade und wartet auf ihn.

Laura Groote

Denk mal drüber nach

Denk mal drüber nach,
wie wir die Luft verpesten,
Abgase in die Natur schleudern,
ohne an die Umwelt zu denken.

Denk mal drüber nach,
ob der Döner das Lamm wirklich wert war,
warum machen wir das,
warum sind wir so grausam?

Denk mal drüber nach,
bist du so, wie du sein willst,
oder bist du so, wie die Gesellschaft dich haben will,
bist auf dem Weg, die Person zu werden, die du als Kind bewundert hast?

Denk mal drüber nach,
wie viel Zeit bleibt dir noch,
um deine Fehler auszubügeln,
um alles richtig zu machen – willst du überhaupt alles richtig machen?
Um für deine Familie da zu sein, wenn sie dich braucht,
um zu leben.

Denk mal drüber nach,
hast du schon den Code für den Tresor deines Herzens
gefunden,
hast du die Person gefunden, die dir helfen wird, ihn
aufzubrechen?
Ist das überhaupt wichtig?
Denk mal drüber nach,
was du mit deinem Leben machen willst.

Vivien Ruby

Der Brüllaffe

Sein Fell ist rot
Ein helles Rot

Er brüllt, brüllt sich den Schmerz heraus
Er brüllt und hört auf

so plötzlich, dass die Tiere, die ihm zuhören
vor Schreck erstarren

Beatrice Bräuer

Der Elch

Mit verzweigtem Geweih wie ein Baum
steht er im Wald und röhrt.
Des Windes kalte Klau'n
reißen an seinem Fell.

Seine Spuren: tief im Schnee.
Im Mantel der Kälte,
die jeden Baum und Stock und Stein
einhüllt und vergräbt

Der Wald ist ruhig
Unter der Decke aus Schnee.
Und doch hört man
den Elch, der einsam röhrt.

Vanessa Fröhlich
Der Goldfisch

Seine Schuppen ähneln Gold
Sonnenuntergangsgold
das leicht schimmert
bei seinen schwimmenden Kreisen

Tag und Nacht
kreist er zuckend
um sich selbst
in Öde und Routine

Nur ein leises Blubbern
ein goldener Schimmer
ruhig und ruhelos kreisend
wie Schmuck im Schnee

Clara Drewelies
Der Löwe

Sein Fell wie die Wüste
Die gelbbraune Wüste
Die ganz gefährliche Wüste
Wandelt laut und leise.
Nach dem Sturm legt er sich

Um wieder zu kämpfen
Das Opfer zu packen
Und in den Tiefen zu verschlingen

Nichts übrig lassen, nur Knochen
Alles verschlingen bis auf die Knochen
Sie bleiben für ewig
Bis er wiederkommt, um sie zu verschleppen
Bis ein anderer kommt und sie verschleppt.

Vivien Ruby

Der Pinguin

Sein Gefieder ähnelt dem Jackett eines Dirigenten
Schwarzes Jackett
Dem jedes Lied gefällt
Der dirigiert lautlos

Stürmen hörst du ihn
Laut, die Welt einhüllend
Doch plötzlich wieder leise
Bis die Stille zurückkehrt
Lang bleibt sie
Nichts kommt. Nicht plötzlich.
Stunden, gefühlte Jahre kommt nichts
Erst später merkte jemand, dass der Dirigent
Erfroren ist.

Luisa Schlüter

Der Sinn des Lebens ist leben – das war's!

Du warst einmal der jüngste Mensch auf Erden,
gerade geboren,
wolltest die Welt bezwingen in deinen Pampers, singend
mit Patschehändchen auf den Ohren.
Warst vielleicht schon in der großen Welt verloren.

Schon mit 5 in der ersten Klasse gewesen,
schon mit 6 das erste Mal verlesen,
warst mit 7 wie Mama und Papa: perfekt.
Niemand sagte dir je: „Scheiß drauf, nicht jeder
verhält sich korrekt!"

Mit 10 dann das erste Mal nach dem Sinn gefragt,
mit 19 dann im Abitur versagt,
mit 21 zum zweiten Mal nach dem Sinn gesucht, ihn
drei Jahre später dann schlussendlich verflucht.
Verdammt!
Wolltest eigentlich schon lange weg von hier,
Wie *Casper* alles verbrennen und *tanzend durch*
den Ascheregen rennen.
Wie alle anderen sich besaufen,
doch du musstest schon früh erkennen, was es heißt, sich
im Labyrinth vom Ernst des Lebens zu verlaufen.

Mit 26 geheiratet, fühlst dich versteigert,
dann nie wie geplant Papas Firmenerbe verweigert.

Das dritte Mal 10 Jahre alt,
der Schrei nach dem Sinn schon lange verhallt.
Und Zack!
Drei Tage danach, nun ist es so weit, entdeckst du
betrunken die Unendlichkeit,
glaubst nun endlich vom Sinn zu wissen,
neun Monate später wirst du davon zerrissen.

Die Frage „Was ist der Sinn?" oder „Was heißt
schon leben?"
kannst du dir jetzt, sieben Jahre später, nicht mehr geben.

50 Jahr' später in Rente gegangen,
nun nach all den Jahren wurd' gestillt dein Verlangen.
Du, allein, trotzdem fest gebunden,
darfst erkennen, dass du bist von der Fragerei geschunden.

Jetzt bist du schon da seit 90 Jahr'n,
kennst das Gefühl deiner faltigen Hände, die durch
die schneeweißen Haare fahren.
Auf einer Bank, drei Tage davor, du nun sitzt,
die Liebe eines fremden Paares in die Bank geritzt,
fütterst die Ente im Teich mit altem Toast vor dir,
trinkst dabei dein allerletztes Bier.

Vielleicht viel zu spät, doch jetzt, kurz vor deinem Tod,
da wird's dir klar.
Der Sinn des Lebens ist leben – das war's!

Pauline Haan

Der tote Winter

Er sitzt dort auf dem Sofa. Er sitzt und schaut starr nach vorne, wie durch einen ellenlangen Tunnel. Es kommt ein Zug entgegen, frontal, und das Licht, die Erinnerungen, bringen seine Augen zum Glänzen. Es ist das traurige Glänzen seiner Seele, die versucht, einen Ausweg zu finden, egal wie. Seine Erscheinung kommt einer Statue nahe, wie der 31. Dezember dem 1. Januar nahekommt. Doch niemals wird er eine sein. Es ist so still, so als wäre kein anderes Lebewesen mehr auf dem Planeten. Er bewegt sich langsam, hebt seinen Oberkörper, steht auf und sieht sich um. Er steuert auf etwas ganz Bestimmtes zu und wendet seinen Blick nicht davon ab. Kurz vor einer Kommode bleibt er stehen, streckt seine Hand aus und nimmt sich ein Bild. Seine Adern an den Händen werden immer auffälliger und seine Fingerkuppen färben sich weiß, kein Blut fließt dort mehr. Tränenwasser sammelt sich in seinen von dem Zug beleuchteten Augen, formt eine einzige Träne, die seine Gefühle so klar, wie die Träne ist, widerspiegelt. Langsam fließt sie über seine Wange und hinterlässt einen nassen Film.

Das Bild zeigt eine Frau mit ihm und einem kleinen Mädchen, alle lächeln. Seine Gesichtszüge werden vorsichtig weicher, als ob ihnen das nicht erlaubt sei. Immer deutlicher werden die Mundfalten, Zornesfalten und seine Augen immer kleiner. Er lässt das Bild los, es fällt und kracht zu Boden. Massen an Tränen fließen aus seinen Augen und setzen sein Gesicht unter Wasser. Er heult, schreit und brüllt. Alles, was auf der Kommode ist, schmeißt er zu Boden, mit seinen Armen räumt er die gesamte

Fläche ab. Die schöne Vase mit den Blumen fällt mit grauenhaftem Lärm zu Boden. Alle Familienbilder liegen verstreut auf dem Fußboden – ein Spiegel seines Inneren. Er sieht hinein, greift sich mit beiden Händen in die schon zu lang gewordenen dreckigen Haare und stürzt zu Boden, immer noch schreit er und krampfhaft zieht er seine Beine an seinen Oberkörper, wie ein Baby liegt er am Boden, kurz vor dem Zusammenbruch am Rande der Stadt, am Rande der Verzweiflung. Sein Mund ist so weit aufgerissen, wie das Maul einer Schlange, bevor sie ihre Beute schnappt, wie ein Aal zuckt sein Körper, er kann sich und seine Emotionen nicht kontrollieren und das Einzige, was aus seinem Mund kommt, ist das Wort „Nein", das er ewig lange zieht und so laut schreit, dass man sich die Ohren zuhalten müsste. Er kneift die Augen, so weit es geht, zusammen.

Seine Stimme wird immer leiser und sein Blick ruhiger. Er löst ein wenig seine verkrümmte Haltung. Er kehrt in sich und steht plötzlich mit einer unerwarteten Entschlossenheit auf. Keine Angst ist mehr in seinem Gesicht zu erkennen, es ist Zorn. Wütend hebt er das Familienfoto vom Boden auf und versucht, schnell und unkontrolliert mit zittrigen Händen das Bild herauszuholen. Es fällt ihm runter, er hebt es erneut auf und faselt leise vor sich hin, mit zusammengebissenen Zähnen. Das Foto hält er in den Händen, betrachtet es nochmal ganz genau und hetzt dann die Treppen nach oben. In dem Zimmer, in dem er sich befindet, hängen lauter gemalte Bilder an den Wänden von Hügeln und einer Sonne, von einem Zirkus und lauter Blumen. Auf dem Boden liegen überall verteilt Spielpuppen. Die Wände sind in einem zarten Altrosa gestrichen. Für einen kurzen Moment verharrt er im Türrahmen, fasst sich aber schnell wieder und läuft auf eine Steckdose zu. Er schaltet die Nachtlampe an, die seine Tochter immer so gern am Abend leuchten ließ, weil sie ohne das Lämpchen nicht einschlafen konnte. Es besteht aus einem Lampenschirm, auf dem Prinzessinnen abgebildet sind. Erneut beginnt er zu weinen. Seine Füße tragen ihn zu den Treppen und hinunter. Doch davor schnappt er sich noch schnell das Kuscheltier in Form eines Hasen vom Bett.

Er zieht sich seinen langen schwarzen Mantel über, denn es ist kalt draußen, sehr kalt. Es ist Winter. Noch schnell steckt er sich das Familienfoto aus dem Rahmen in seine Tasche, macht einen Schritt auf die links neben ihm eingebaute Eingangstür zu, legt seine Hand auf den Türknauf und schaut sich zum Abschied noch einmal um. Alles, was er hinterlässt, ist ein Chaos seiner Wut, seiner inneren Frustration, es ist das Werk der Liebe zu seiner Familie und es ist der Spiegel seiner selbst, den er nicht ertragen kann. Er verlässt das Haus. Ein kurzer Hauch des Windes lässt seinen Mantel, wie den eines Helden, zur Seite fliegen. Seine Haare umhüllen sein Gesicht, das er selber nicht mehr betrachten möchte.

Es beginnt sich etwas vor seinen Augen zu formen. Es sind Hände, die ein Kind umfassen und es in die Lüfte schmeißen. Hände, die wohlgeformt in den Himmel zeigen, und ein Mund, welcher ein derart schönes Lächeln zaubert, dass er auch lächelt. Ja, er lächelt, schaut nach vorn und lächelt. Diese Frau befindet sich auf einer Wiese und rennt dem kleinen Mädchen hinterher. Sie spielen zusammen, genießen das schöne Wetter und haben Freude. Es ist eine schon geschehene Szene, die er nun zu sehen scheint. Er ist wie in Trance. Er macht einen Schritt nach vorn und plötzlich verblassen die gelb, grün, bunten Farben, die starken Töne, die ihm gerade Zufriedenheit bringen, es wird grau, alles. Geräusche eines schnell fahrenden Autos ertönen und die Stimme einer kreischenden Frau, die panisch versucht, dem Fahrer klar zu machen, er solle langsamer fahren. Er steht immer noch steif da, aber er lächelt nicht mehr. Seine Augen weiten sich, werden glasig, seine Lippen öffnen sich ein wenig und das Auto nähert sich immer schneller. Das Einzige, was folgt, ist der Tod. Er rennt auf das Auto zu, beide Hände nach vorn gestreckt. Er schmeißt sich auf das Auto, doch er landet im Schnee. Das Bild verschwimmt, wie vom Wind weggepustet, sein Trancezustand ist vorbei. Doch er hat immer noch genau das Bild im Kopf. Er am Steuer, viel zu gut gelaunt und risikofreudig, um klar zu denken, und dann ist da noch die Frau, seine Frau, und die kleine Prinzessin im Rücksitz, die ebenso wie die Mutter blutverschmiert dasitzt, während er panisch schreit und versucht, sich aus dem Sitz zu befreien, doch nein, es gelingt ihm nicht. Sie haben den Aufprall nicht überleben können und sind vor seinen Augen vom Tod genommen worden.

Er richtet sich auf, dabei ist er von oben bis unten mit Schnee bedeckt, als habe er sich darin gewälzt. Aufhalten lässt er sich nun von nichts mehr, denn er hat nur ein Ziel vor Augen. Er steht auf, läuft los, bleibt stehen, dreht sich um, läuft zurück, hebt das Kuscheltier auf und läuft dann erneut los. Er läuft los, wie immer. Jene Strecke ist er seit dem Unfall jeden Tag gelaufen. Es war so viel passiert, und damit hatte er versucht, dem Alltag zu entfliehen. Er wollte einfach mal mit seinen Gedanken woanders sein, das war auch der Grund, weshalb er stets geradeaus lief und keine Hürden in Angriff nahm. Er wollte vorankommen ohne Höhen und Tiefen, ohne Hindernisse, nur ein einziges Mal, doch jetzt fühlt es sich anders an, es ist etwas anderes für ihn, jetzt wieder denselben Weg entlangzulaufen. Seine Füße stehen nicht sehr fest auf dem Boden, denn er hat keine Kraft mehr, ist schwach, und das merkt man ihm sehr deutlich an. Das Geschehen steht ihm ins Gesicht geschrieben. Seine tiefen Falten sind mehr geworden, dicke Augenringe hängen schwer unter seinen Augen und seine Haare im Gesicht sind schon so lang, dass sie sich kräuseln.

Er läuft immer weiter, ist hochkonzentriert und zuckt nicht einmal mit der Wimper. In seiner rechten Hand hält er immer noch den Hasen fest an seine Brust gedrückt. Links und rechts nichts als Felder, weit und breit nichts als Felder. Es ist still und das Einzige, was man hört, ist das Rauschen des Grases, über das der Wind weht. Seine Hände sind schon blaulila angelaufen durch die Kälte, und sein Blick ist wie eingefroren. Er läuft eine kurze Strecke durch ein kleines Stück Wald und beschleunigt sein Tempo etwas.

Er ist fast angekommen und steht vor einem riesigen Hochhaus, irgendwo inmitten von Feldern. Es ist leer und die Fenster sind entweder eingeschlagen oder es sind gar keine Scheiben vorhanden. Die Fassade ist besprüht mit Graffiti in Form von Schriftzügen wie „Hass“, „Lügen“ oder „Tod“. Auch wenn er das alles schon kennt, scheint es so, als habe er das alles anders in Erinnerung, denn er sieht sich um und betrachtet alles sehr genau. Von ganz unten am Boden schaut er hinauf zum letzten Stock, guckt eine Weile rauf und begibt sich kurz darauf in den Flur. Erst sehr langsam tastet er sich hoch und steigt jede Stufe sehr vorsichtig auf, doch er wird immer schneller, bis er hinaufsprintet. Er macht keinen Halt, erst als er ganz oben auf dem Dach ankommt. 15 Stockwerke hat er bestiegen und kommt hechelnd wie ein Hund an.

Er ist aus der Puste, dreht sich wie wild und schaut in die Ferne. Einen kurzen Moment braucht er nur, um wieder normal atmen zu können. Er legt den Hasen ganz behutsam ab, zieht seinen Mantel aus, holt das Familienfoto heraus und wickelt den Mantel um den Hasen, um ihn vor der Kälte zu schützen. Eine Träne rollt ihm dabei über das Gesicht und landet direkt auf dem Hasen.

Es ist noch kälter hier oben und seine Haare auf den Armen stellen sich auf. Er läuft auf den Rand des Hauses zu, stellt sich auf die Anhebung, so dass nur noch ein einziger Schritt fehlt, um hinunterzufallen. Er weint, als hätte er noch nie geweint. Dann schaut er auf das Foto, streicht mit seinen Fingern über die Gesichter und hinterlässt eine leichte, dünne feuchte Spur. Er beißt seine Zähne zusammen und sein Kiefer spannt sich an. Er zögert, will aber etwas sagen. „Elena Schatz… ich … ich bin gleich bei dir." Seine Augen schließen sich langsam und öffnen sich dann wieder. Er atmet sehr tief ein, so dass sich sein gesamter Oberkörper nach oben bewegt, und atmet dann erneut langsam aus. Er denkt an gar nichts mehr. Ein letztes Mal will er sich zu dem Kuscheltier umdrehen, doch er dreht sich zu schnell, macht einen falschen Schritt und stürzt in die Tiefe. Das Foto fällt ihm aus der Hand und schwebt wie eine Feder durch die Luft. Erik Wachs Schrei hört man nicht lange und dann kommt er am Grund an. Nun hat er sein Ziel erreicht, denn Erik Wach ist tot.

Clara Sophie Maximiliane Witt

Die Angst

Blutrot versinkt die Sonne
und die Nacht wird älter.
Als nun endlich der letzte Mensch
das Licht ausbläst,
wird es immer kälter.

Der Wind fegt durch die Gassen
und bringt Dunkelheit herein.
Auch die Kühnsten
gehen nun, von Angst getrieben, heim.

Mit der Dunkelheit des Windes,
zieht auch die Angst übers Land.
Jede Menschenseele wird von ihr erkannt.

Man kann hören, ganz leise,
wie sie ihre Opfer fasst
Jeder will,
von ihr erfüllt,
fliehen.

Der Mond erscheint hinter den Wolken,
ein schauriges Licht erfüllt die Wege.
Doch dieses Licht ist ihr Nahrung.

Der letzte Schrei ertönt,
schallt durch den Wald.
Wer noch nicht zu Hause,
rennt jetzt mit großer Eile.

Die schwarze Hand,
Dunkelheit und Angst
erfasst das Kind um die Taille rum.
Doch dann fällt es tief;
und lernt zu fliegen.

Nina Schacht

Die fliehende Zeit

Kann ein Moment die Zeit für immer verändern? Es gibt Momente, in denen du „Nein" sagst oder „Ja". Und dann wird alles anders. Ganz plötzlich. So war das auch damals. „Wollen wir uns treffen?" Was ist schon dabei, dachte ich. Wir hatten uns lange nicht gesehen. Also meine Antwort: „Ja, gerne." Dass sich mein Leben schlagartig änderte, sobald ich nach Monaten das erste Mal wieder in diese Augen sah, konnte ich nicht wissen, als ich verschlafen den knappen Satz in mein Handy tippte. Und ich stellte mir die Frage: „Heilt die Zeit alle Wunden?"

Es war so ein Morgen, an dem die Schwärze in meinem unbeleuchteten Zimmer unerträglich wurde, sobald ich die Augen öffnete. Ich mühte mich aus dem Bett und öffnete die Rollläden. Ein breiter Sonnenstrahl bahnte sich den Weg durch die dichten Blätter des Apfelbaums vor meinem spaltbreit geöffneten Fenster. Ich schloss die Augen, spürte die Wärme der Sonne und mit ihr das Erwachen meiner Lebensgeister, die bis dahin noch friedlich in meinem Inneren geschlummert hatten. Es war ein wunderschöner Moment. Die Zeit floss an mir vorbei wie ein sprudelnder Bach, aber es gab nichts Großes zu tun, deshalb wanderten meine Gedanken nicht in Richtungen, die diesen Moment hätten zerstören können. Sie blieben im Hier und Jetzt. Ich ließ meine jetzt geöffneten Augen über die Frühlingsszene vor mir wandern und lauschte. Der Wind, der die Blätter tanzen und rascheln ließ, weiße Blüten, die hier und da hervorlugten, und ein Vogel, der fröhlich zwitscherte, aber von einem Windstoß aufgescheucht wurde. Die Melodie verschwand mit ihm. Ich riss meine Sinne von der Szenerie los und drehte mich um. Die Fröhlichkeit, die mich beim Anblick des Frühlings durchflossen hatte, war so präsent, dass sie mir ein vor Stress rasendes Herz ersparte, das ich sonst beim Anblick des an der Wand hängenden Kalenders erwarten musste. Normalerweise türmten sich dort Termine, sich täglich, wöchentlich wiederholend. Freie Zeit wurde eine Seltenheit, schöne Momente und positive Gefühle wurden zu antiquierten Büchern in einem Regal aus Erinnerungen, die mein Leben geprägt hatten. Wenn ein Tag weniger stressig war, so wie heute, konnte ich die Regale durchstöbern, mich an schöne Dinge erinnern und glücklich sein. Aber ich brauchte dafür Ruhe und Zeit, denn in diesen Regalen waren nicht nur schöne Erinnerungen, sondern auch solche, die in der Lage waren, einen schönen Tag im Kern zu zerstören. Es galt, diese Erinnerungen zu umgehen, bis sie die Kraft verloren hatten, mit ihren hässlichen Zähnen an meiner Psyche zu nagen. Sie nahmen sich meinen gesunden Menschenverstand vor, mit der Überzeugung, einen Teil davon hinzuraffen. Oft konnte ich mich aus ihren Fängen befreien. Es sei denn, es war Nacht, und ich war alleine, aber eins von beiden traf nicht zu und es war nicht wichtig, was später vielleicht kommen würde. Das Feld auf dem Kalender, welches das heutige Datum trug, war nicht beschrieben. Die kommende Woche war mit Terminen gefüllt, aber das Wochenende ließ mir Zeit für Erholung. Ich würde mich also auf zum Schloss machen. Der Weg dorthin war etwas beschwerlich. Durch die Stadt, vorbei an vielen Menschen. Aber dann war ich eben dort, wo wir uns treffen wollten. Wir beide mochten das Schloss. Es war im siebzehnten Jahrhundert erbaut worden und hatte so eine schöne Wirkung auf mich. Beruhigend und beständig, denn es hatte Jahrhunderte überdauert. Ich versuchte in letzter Zeit oft, mich an solchen Dingen zu orientieren. Immer dann, wenn ich mich fühlte, als würde mir jemand den Boden unter den Füßen wegziehen, und so fühlte ich mich allzu oft, dachte ich an etwas Standhaftes. Ein altes Gebäude oder einen Baum zum Beispiel. Das gab mir Kraft. Langsam hatte ich Wege gefunden, den alten Phasen zu entkommen. Sie waren längst nicht verschwunden, nein. Immer dann, wenn ich sie am wenigsten gebrauchen konnte, kamen sie angeschlichen, griffen mich an und zogen mich so weit hinunter, dass ich mich fühlte, als könnte ich nie wieder aufstehen. Doch bis jetzt hatte ich es immer und immer wieder geschafft. Ich ging also den Weg durch die Stadt, nachdem ich gefrühstückt hatte. Dieses Mal war es sogar ganz angenehm. Der Frühlingsgeruch, die Sonne, die noch leeren Straßen. Nur vereinzelt Menschen, einige mit Tragetaschen, wahrscheinlich auf dem Weg zum Wochenmarkt auf dem Rathausplatz. Tauben in den Astkronen der japanischen Kirschen, die schon ausgeblüht waren, und der Wind, der mir die Haare ins Gesicht wehte. Ich machte mich auf in Richtung Oberstadt, einen steilen Berg hinauf und wurde mit einem wunderschönen Blick auf die Stadt belohnt. Mein Atem ging schwer, doch ich war am Ziel. Ich wollte hier oben noch etwas spazieren gehen. Der Schlossgarten stand in voller Blüte und ein schwerer blumiger Duft lag in der Luft. Im Vorbeigehen fand ich ein verstecktes Tor in einer Hecke, das in einen abgeschotteten Garten führte, und öffnete es neugierig, wobei es einen quietschenden Laut von sich gab, der mir einen Schauer über den Rücken laufen ließ. Ich schloss die Augen und dann geschah es. Als ich die Augen wieder öffnete, hatte sich die Szenerie um mich herum verändert, es war dunkel, nur eine flackernde Laterne erhellte die Nacht. In ihrem Licht sah ich, wie dicke weiße Flocken durch die Luft wirbelten. Winter. „Es ist nur eine Erinnerung!", flüsterte ich mir selbst zu. Aber es fühlte sich so unglaublich real an. Ich versuchte meine Atmung zu verlangsamen, denn mein Herz schlug viel zu schnell, und es dauerte nur wenige Sekunden, bis es bei dieser Geschwindigkeit aus dem Takt kam. Ich musste heftig husten, aber dann durfte ich zurückkehren. In die Realität. Ich stand inmitten eines Gartens, der aussah, als wäre er einem Märchenbuch entsprungen. Ich setzte mich erschöpft auf eine weiße Bank, die unter einem blühenden Haselstrauch stand, und wartete, bis mein Herzschlag wieder eine normale Geschwindigkeit erreicht hatte, und der Schwindel und die Übelkeit aus meinem Körper gewichen waren. Ich betrachtete den Garten, doch meine Gedanken wanderten zu dem, was geschehen war. Der Winter… Ich wusste nicht, warum ich mich daran erinnert hatte. Ich wusste nicht, warum diese Erinnerung wie in einem Beben aus dem Regal gefallen war, sodass ich augenblicklich von den aufgeschlagenen Seiten meiner Vergangenheit eingesogen wurde, die ich schon lange nicht mehr gesehen hatte. Und weil ich keine Lösung finden konnte, verdrängte ich die Gedanken. Ich verließ diesen geheimen Garten und ging die gepflasterte Straße hinauf. Ich setzte mich auf die Schlossmauer und ließ meine Füße baumeln. Unter mir wuchsen Weinreben, die im Herbst reichlich Trauben tragen würden. Die Sonne wärmte mein Gesicht. Die Schlossuhr verriet mir, dass ich zu früh war. „Bin um Viertel vor da", las ich auf dem Display meines Handys. Jetzt war es halb. Ob sie sich verändert hatte? Winter. Es war das letzte Mal gewesen, dass ich sie gesehen hatte. Ich fuhr mir mit den Händen übers Gesicht. Ich hoffte, dass nichts Ungewöhnliches passieren würde, während wir zusammen waren. Sie wusste nichts davon, ich hatte niemandem etwas davon erzählt und mir selbst eingeredet, dass es nichts war. Ich hatte gebetet, zu was auch immer dort oben war, dass es nie draußen passieren würde. Das war nicht auszumalen. Ich war gespannt darauf, was die Zukunft für mich bereithalten würde. Vielleicht vermischte sich dieses Gefühl etwas mit Angst, aber sie war nicht überwältigend, sondern aufregend. „Na, wie immer in Gedanken versunken?" Ihre tiefe, sanfte Stimme erfüllte meine Ohren und ein warmes Gefühl, das ich sehr vermisst hatte, breitete sich durch meinen Körper aus. Ich musste lächeln und drehte mich langsam zu ihr um. Mein Herzschlag beschleunigte. Ich blinzelte gegen das Sonnenlicht an und dann fiel mein Blick auf ihr Gesicht. Ein Zusammenprall von Braun und Grün und dann dieses Gefühl. Als hätte mich ein Blitz durchzuckt. Wir starrten einander tief in die Augen. Alles war aus meinem Verstand gewischt. Doch dann begannen Sätze durch meinen Kopf zu geistern. „Warum sind mir nie diese hellen Sommersprossen aufgefallen?", „Ihre Augen glitzern wie Edelsteine", „Sie ist ein wunderschöner Mensch", „Dieses Gefühl in mir verwirrt mich, aber es ist schön". Wie gerne hätte ich all das ausgesprochen. Ein Lächeln huschte über ihr Gesicht. Und dann war mir auf einmal alles klar. Sie war das Licht, die flackernde Laterne, die die Nacht erhellte und mir die Schönheit des kalten, dunklen Winters zeigte. Den Schnee, der alles Übriggebliebene des vergangenen Jahres bedeckte und dem ein Neuanfang folgte. „Ich habe dich vermisst", flüsterte ich. Da, ein Stück Vergangenheit, eine Erinnerung. Sie und ich dachten an den gleichen Abend, den gleichen Moment. „Lass uns von vorne anfangen“, sagte sie bestimmt. „Ja“, stimmte ich zu, stand auf und sie zog mich in eine enge Umarmung. Und ab diesem Moment lebte ich. Und ich wusste die Antwort auf die Frage: Zeit heilt nicht alle Wunden. Aber sie ließ mich vergessen, was ich schon so lange hatte vergessen wollen. Und dieser Moment hatte alles verändert. Sie hatte alles verändert.

Julius Emmeluth

Die Glücksmaschine

Endlich ging es wieder aufwärts für Joseph Karl Lehmert. Er bereute einige Dinge in seinem Leben, aber ganz besonders eines: Vor sieben Jahren hätte er die Chance gehabt, sein ganzes Dasein komplett umzukrempeln und besser zu machen, doch sein blödes 21-jähriges Selbst hatte alles verbockt.

Kurz nach seinem 21. Geburtstag traf er einen netten Kerl in einer Bar. Sie saßen am Tresen, tranken Bier und schauten sich einen Zeittriathlon im Fernsehen an. Die Aufgaben in diesem Jahr waren höchst interessant: Eine Historical-Engineering-Herausforderung, bei der man eine stabile Monarchie stürzen sollte, mit nichts anderem als Online-Apps. Danach eine Reise 2000 Jahre in die Zukunft, um zu überprüfen, ob die Bevölkerung dieser Zeitlinie noch existierte oder sich ausgelöscht hatte. Letztlich musste man noch eine Sonde finden, die die Veranstalter in einer unbekannten Zeitlinie versteckt hatten, und diese zurückbringen. Wie erwartet gewann Lorren Marshall, welcher mit seiner Glanzleistung in Historical-Engineering und seiner hochmodernen Zeitmaschine Stunden vor der Konkurrenz fertig war, den Triathlon. Der Mann drehte sich zu Joseph und flüsterte: „Hey, Junge, willst du mal einen Tipp hören? Beim nächsten Triathlon solltest du gut was auf Tamara Kissing setzen."

Tamara war bisher nicht besonders erfolgreich gewesen und lag auch dieses Mal mehrere Stunden hinter dem Durchschnitt und fast einen ganzen Tag hinter Lorren. Joseph traute dem Mann nicht und fragte ungläubig: „Wieso, bisher war sie nicht besonders gut, warum sollte sie das nächste Mal besser sein?" Der Mann grinste und meinte: „Ich bin Ingenieur bei General Electrics, und ich kann dir garantieren, dass wir eine sehr spezielle Überraschung für sie haben. Sie ist ein exzellenter Chrononaut und Navigator und mit der Zeitmaschine, die wir für sie entworfen haben, kann sie bis zu 200 Annos pro Stunde zurücklegen!" Joseph starrte den Mann ungläubig an. Endlich fand er seine Worte wieder und fragte zitternd: „200 Annos pro Stunde? Selbst die modernsten Militärmaschinen schaffen gerade mal um die hundert! Das wäre eine wahnsinnige Steigerung!" Der Mann war im Begriff zu gehen und drehte sich noch einmal um, um zu antworten: „Du hast mein Wort, der nächste Triathlon wird alles bisher Gekannte umstoßen! Und bedenke bloß, all das Geld nicht sofort zu verprassen." Der Mann zwinkerte und verließ die Bar.

Joseph konnte es nicht fassen. Dieser Zustand zog sich immer weiter hin, bis er ein halbes Jahr später vor dem Wettbüro stand. Zweifel plagten ihn: Sollte er diesem Fremden vertrauen, den er seitdem nicht mehr gesehen hatte, oder sollte er kein Risiko eingehen und es einfach sein lassen? Er ging in das Wettbüro und stand schon am Schalter, als die Zweifel ihn zu sehr verunsicherten und er sich auf der Stelle umdrehte und ging. Zur Überraschung aller gewann Tamara Kissing eine Woche später den Zeittriathlon von Neapel. Wer hätte denn auch damit rechnen können, dass sie eine vollkommen neuartige Zeitmaschine hatte, mit der sie über 200 Annos pro Stunde zurücklegen konnte? An diesem Abend lag Joseph betrunken im Bett und heulte sich in den Schlaf.

Doch er war nicht jemand, der einfach aufgab. Noch am

nächsten Tag schmiedete er einen Plan. Nachdem er mehrere Jahre Chrononautik an der Akademie für Zeitwissenschaften in München studiert hatte und seine Zeit dort in einer unbeschreiblich kleinen Wohnung verbracht hatte, war es endlich so weit. Er hatte sich ein wahrhaftiges Stück Freiheit geleistet. Er wohnte zwar immer noch in der kleinsten Wohnung der Welt und ernährte sich zu 60 Prozent von osteurasischen Fertignudeln, aber er war mit dem Studium fertig und begann die erste Phase seines Plans: die Beschaffung einer eigenen Zeitlinie.

Joseph besetzte monatelang den Zentralrechner der Akademie und sah sich bis zum Umfallen viele Zeitlinien an, wertete Daten aus, stellte Berechnungen an und nahm Messungen vor. Aber egal wie viele Zeitlinien er auch beobachtete, er konnte nie diese eine richtige finden. Er suchte nach einer bestimmten Version dieser Welt, die praktisch bis auf das Haar seiner eigenen glich und sich nur in einem für ihn völlig belanglosen Teil unterschied. Er suchte nach einer zweiten Version von sich selbst: gleiches Aussehen, gleiche Denkweise, gleiche Vergangenheit!

Josephs Plan war eigentlich ganz simpel. Alles, was er dazu brauchte, war eine haargleiche Version seiner Welt, die Sportergebnisse der letzten Jahre und etwas schauspielerisches Talent. Die letzten beiden Dinge hatte er schon, aber die Zeitlinie schien sich immer vor ihm zu verstecken. Es gab immer ein Problem, die Zeitlinie war in einem zu wichtigen Punkt anders, stand unter Schutz oder war ganz einfach schon gekauft.

Doch eines Tages fand er sie endlich. Er hätte vor Freude fast geschrien. Sie war perfekt. Genauso wie seine, mit nur einem Unterschied: Seine Eltern hatten ihn in dieser Zeitlinie nicht Joseph Karl Lehmert, sondern Joseph Johann Lehmert genannt.

Und das Beste: Sie war noch nicht verkauft. Joseph kaufte kurzerhand die Zeitlinie mit dem wenigen Geld, das er hatte, und machte sich für seine Reise ins Glück fertig.

Zwei Monate später stand er im Hangar des BAMZ und inspizierte seine Zeitmaschine, die er liebevoll ‚B.Z.M Felix I' nannte. Was von außen aussah wie sein alter Carice Mk-V, war innen komplett umgebaut. Der Motorraum wurde von einer modernen Batterie mit Kompaktgenerator eingenommen, weshalb auch eine leichte Wölbung in der normalerweise glatten Motorhaube zu erkennen war. Das Dach bestand aus anderen Materialien, um einen faradayschen Käfig aus dem Auto zu machen. Das Herzstück war allerdings unter dem Wagen angebracht, ein Lockheed-Martin TDU-38 Zeitantrieb. Nicht, dass dieser besonders gut wäre, er brachte gerade mal fünf Annos pro Stunde und konnte auch nicht viel mehr als zwei Tonnen bewegen. Um in ein Land vor unserer Zeit zu reisen, war er nicht unbedingt geeignet, aber für Josephs Zwecke war er vollkommen ausreichend. Joseph nahm die Felix I und machte sich zum Start bereit. Auf der Plattform war es laut und heiß, aber das war nicht der einzige Grund, warum Joseph ins Schwitzen kam. Nach einer halben Ewigkeit knackte endlich das Radio und eine Stimme schnarrte: „Felix I, Sie sind zum Start autorisiert. Ihre Rückkehrzeit ist der 21.6.12089 Menschlicher Existenzrechnung um 19:42 und 37 Sekunden." Als ob ich je zurückkomme, dachte er sich, als er den Sicherungsmechanismus löste und den Starthebel ganz durchdrückte. Der Generator heulte auf und das ganze Auto begann zu summen und zu vibrieren, bis die Außenwelt dunkel wurde, letztendlich komplett verschwand und Joseph in der absoluten Dunkelheit des Nullraums zurückließ.

Nun bereitete er sich auf die Ausführung der zweiten Phase des Plans vor, er verkleidete sich, um dann an dem Abend, an dem er den besten Tipp der Welt ignoriert hatte, einige Dinge zu verbessern. Danach würde er in die Zukunft dieser Zeitlinie reisen und dort sein alternatives Ich ersetzen, welches die Wette eingereicht und einen Riesenhaufen Geld gewonnen hatte. Ein perfekter Plan. Joseph setzte gerade das Maskierungsset ein, das er mitgebracht hatte, damit ihn sein Doppelgänger nicht erkennen konnte, als auch schon ein Signal durch den Wagen tönte und die baldige Ankunft verkündete. Ein leichtes Grinsen legte sich auf Josephs Wangen, die zweite Phase war fast eingeleitet.

Zwei Stunden später stand er vor einer Bar, die ihm nur allzu gut bekannt war, obwohl er sie technisch noch nie zuvor gesehen hatte. Drinnen saß ein junger Mann, den Joseph sonst nur aus dem Spiegel kannte. Nervös betrachtete er seine Uhr, eigentlich sollte der Mann von General Electrics jeden Moment hier, wenn nicht sogar schon längst in der Bar sein. Ganz ruhig, dachte er sich, ich warte noch zehn Minuten, bis dann muss der Kerl ja mal auftauchen. Er tauchte nicht auf. Zehn Minuten später stand Joseph total nervös vor dem Lokal und war von Zweifeln gepackt. Existierte der Mann überhaupt hier? Gab es vielleicht einen Unterschied zu Josephs originaler Zeitlinie, die er nicht beachtet hatte? Schmerzhaft schlichen die Minuten dahin, mit jeder wurde Joseph banger. Am Ende hatte er den schlimmsten Gedanken überhaupt: Was, wenn meine Anwesenheit hier die Zeitlinie verändert hat? Wenn ich etwas nicht bedacht habe und der Mann nicht kommt, weil ich an der Bar stehe? Vielleicht habe ich mit meinem Wagen aus Versehen eine

Verzögerung kreiert, egal wie klein, die ihn davon abhält, herzukommen?!

Joseph riss sich am Riemen und traf eine Entscheidung. Wenn der General-Electrics-Mann nicht kam, musste Joseph eben selbst seinen Doppelgänger dazu bringen, die Wette einzureichen.

Er beruhigte sich selbst, konzentrierte sich und betrat dann vollkommen gelassen die Bar.

Joseph ging zum Tresen, wo sein Doppelgänger entspannt ein Bier trank und den Zeittriathlon von Kapstadt im Fernsehen beobachtete. Joseph trat an den Tresen und fragte: „Junger Mann, ist hier noch ein Platz frei?“ Sein junges Spiegelbild drehte sich um und nickte: „Ja klar, setzen Sie sich.“ Joseph atmete durch und bestellte sich ebenfalls ein Bier. „Ah, der Zeittriathlon von Kapstadt,“ brummte er, „wer, denkst du, wird gewinnen? Ich tippe ja auf Marshall, der hat bisher auch nicht enttäuscht.“ Der junge Joseph seufzte und antwortete: „Ja, wahrscheinlich, zu schade auch, ich würde gerne mal etwas von den Neuzugängen sehen. Wenigstens ein bisschen Abwechslung dann und wann wäre doch mal nett. Aber wir sehen die Ergebnisse ja in drei Minuten.“ Sie tranken beide einen Schluck Bier, bevor Joseph sich mit gelangweiltem Ton beschwerte: „Der kann sich halt all die gute Ausrüstung leisten mit seiner Kohle.“ Er unterschlug zwar, dass Lorren Marshall ein genialer Historical-Engineer war, aber er hatte sein junges Ich zu einem Gespräch motiviert. Die beiden diskutierten freundlich den Rest des Abends, bis Joseph beschloss, dass es Zeit zu gehen war, um die Zeitlinie nicht zu lange mit seiner Existenz zu verändern. Er drehte sich zum jungen Joseph um und flüsterte: „Hey Junge, willst du mal einen Tipp hören? Beim nächsten Triathlon solltest du gut was auf Tamara Kissing setzen." Der junge Joseph reagierte ungläubig: „Wieso, bisher war sie nicht besonders gut, warum sollte sie das nächste Mal besser sein?" Joseph grinste und log: Ich bin Ingenieur bei General Electrics, und ich kann dir garantieren, dass wir eine sehr spezielle Überraschung für sie haben. Sie ist ein exzellenter Chrononaut und Navigator und mit der Zeitmaschine, die wir für sie entworfen haben, kann sie bis zu 200 Annos pro Stunde zurücklegen!" Der junge Joseph saß ungläubig da, während Joseph sich zum Gehen aufmachte. Sein junges Ich fragte ihn noch einmal ungläubig und Joseph antwortete: „Du hast mein Wort, der nächste Triathlon wird alles bisher Gekannte umwerfen!" Er wollte schon gehen, als er eben schnell noch eine fixe Idee hatte. Er musste sicherstellen, dass das Geld auch noch da war, wenn er wiederkommen würde. Darum warf er schnell noch ein: „Und bedenke bloß, all das Geld nicht sofort zu verprassen." Er zwinkerte und ging. Sein Plan war fast fertig. Jetzt musste er nur noch in die Zukunft dieser Zeitlinie und er wäre für immer glücklich und zufrieden.

Endlich ging das Leben wieder aufwärts für Joseph Johann Lehmert. Er bereute einige Dinge in seinem Leben, aber ganz besonders eines: Vor sieben Jahren hätte er die Chance gehabt, sein ganzes Leben komplett umzukrempeln und besser zu machen, doch sein blödes 21-jähriges Selbst verbockte alles. Hätte er doch nur damals auf den Kerl von General Electrics gehört. Aber jetzt hatte er einen Plan, er würde zu dem Abend zurückkehren und einige Dinge richtigstellen. Er hatte eine Zeitlinie gekauft, die genau so war, wie seine. Nur dass seine Eltern ihn dort Joseph Karl Lehmert genannt hatten.

Anna Saamer

Die vierte Instanz

„Du bist wertlos“, sagte die schaurige Stimme.

Der Junge stand einfach nur da. In irgendeinem Raum. Ihm war es egal. Vielleicht wollte er es auch nicht wissen.

„Du kannst nichts, du tust nichts, du sagst nichts. Was soll man mit dir schon anfangen können? Diese Hure wusste, warum sie dich nicht wollte“, sprach die Stimme weiter.

Das, was er wahrnahm, war die Dunkelheit des Raumes.

„Du wurdest bereits voller Fehler und Makel geboren.“

Der Junge griff sich an den Arm, an dem die Hand fehlte. Dabei spürte er den Schmerz seines blinden Auges.

„Deine Mutter wollte einen Sohn, keinen Krüppel!“, schrie die Stimme nun.

Da! Eine Bewegung. Eine Gestalt im Schatten. War sie menschlich?

„Zumindest deine Seele ist für mich noch etwas wert.“ Die Stimme war nun zuckersüß. Dennoch liefen dem Jungen kalte Schauer über den Rücken.

Ein Windzug an seinem Nacken. Gänsehaut.

„Überlass sie mir. Du brauchst sie doch gar nicht mehr. Du hast kein Leben und keine Zukunft. Mach deinen Sorgen ein Ende. Ich meine es doch nur gut mit dir.“ Die letzten Worte waren wie ein Flüstern ganz nah an seinem Ohr. Der Junge kniff die Augen zusammen. Bereit für die Berührung, doch…

War es jetzt vor ihm oder hinter ihm? Nun bewegte es sich auf ihn zu, das konnte er genau hören. Das Wesen blieb ein paar Meter vor ihm stehen. Es war menschlich. Aber auch nicht. Ein

Dämon. Er grinste den Jungen an, dabei blitzten seine scharfen Zähne gefährlich.

„Komm zu mir. Werde mein Dismentis. Ich mache dich taub für dein Leiden und deine Schmerzen. Nie wieder Zweifel. Nie wieder Sorgen.“ Er hob seine bekrallte Hand dem Jungen entgegen. „Deine Probleme werden der Vergangenheit angehören. Na, klingt das nicht schön? Komm her. Komm her …“

„Ich …“

„Nur ein kleines Stück …“

„Ich …“, er ging einen Schritt.

„… und deine Qual ist vorbei. Komm zu mir … Tut auch gar nicht weh.“

„Ich … bin nichts wert …“, noch einen Schritt.

„Komm …“

„Ist … Ist da jemand …“, noch zwei Schritte zu der Kreatur.

„Irgendjemand …“, Tränen liefen über sein Gesicht.

„… der mich liebt …“

„Ja.“

Der Junge blieb stehen. Alles wurde plötzlich hell.

„Was …?“

„Ja. Jemand liebt dich.“

Eine junge Frau mit braunen Locken stand vor ihm und lächelte ihn an.

Plötzlich waren überall um ihn herum lauter Stimmen und Kampfgeräusche. Er hörte ein wütendes Fauchen und jemanden, der rief: „Er ist stehen geblieben. Malon kümmert sich um den Dämon!“ Alles war so laut. Und doch hörte er die Stimme. „Lass mich machen. Geh und sag Gabriel Bescheid.“ Der Junge stand einfach da, geschockt und voller Angst. Ein Arm schlang sich um ihn. „Hey, Kleiner. Keine Angst. Ich bin Rasputin. Ich pass auf dich auf." Der Junge schreckte auf, aber er wehrte sich nicht. Immer noch quollen ihm die Tränen aus den Augen. Er schloss sie. Wieder hörte er Rasputins Stimme. „Das Schlimmste hast du überstanden. Ruh dich aus. Der Weg, den du vor dir hast, ist lang." Das Letzte, was er spürte und hörte, war die Wärme und die Stimme Rasputins: „Du bist jetzt nicht mehr allein …"

Wer Liebe will, bekommt sie auch.

Sophia Böcker

Diebstahlsgedicht

Geldbeutel
weg!

Bianca Hamann

Du

Ich kenne dich, von klein auf. Doch so richtig kennengelernt habe ich dich erst mit zwölf. Seitdem bist du ein großer Teil meines Lebens und ich frage mich …

Wusstest du, dass du wundervoll bist?

Seit jenem Tag im November, es war ein regnerischer Tag, als ich dich kennengelernt habe, ich meine so richtig kennengelernt, hast du mein Leben um so vieles besser gemacht.

Manchmal, wenn ich in der Schule war, konnte ich es kaum erwarten, dich wieder zu sehen. Dann war ich den ganzen Tag hibbelig, weil ich einfach nur zu dir wollte. Und wenn ich dann endlich bei dir war, war ich einfach nur überwältigt. Überwältigt, von den Gefühlen, die du in mir auslöst.

Außerdem konntest du mich immer aus meinem grauen Alltag befreien. Du brachtest mich in eine andere Welt, sodass ich alles um mich herum vergaß. In dieser Welt war ich jemand anderes. Ein mir unbekannter Mensch, der sich stets veränderte. Doch ich lernte ihn kennen, je mehr Zeit ich mit dir verbrachte.

Es war so schön, meine Zeit mit dir zu verbringen. Am Anfang hatten wir noch nicht viel miteinander zu tun, doch mit der Zeit verbrachten wir fast jeden Tag zusammen. Es wurde fast zu einer Sucht. Zu einer Sucht nach dir. Du wurdest mein ständiger Begleiter.

Egal, wie ich an dem Tag gelaunt war, ob glücklich, traurig oder etwas genervt, sobald ich bei dir war, schlug meine Laune um. Denn je nachdem, wie deine Laune war, so war auch meine Laune. Du hattest und hast IMMER NOCH einen so großen Einfluss auf meine Gefühle, dass ich es kaum zu glauben vermag.

Und ich wäre nicht ehrlich, wenn ich sagen würde, dass ich dich in meinem Leben nicht brauche. Denn ich brauche dich so sehr, das kann sich kein Mensch vorstellen.

Außerdem habe ich, seit ich dich kennengelernt habe, so viel Neues gelernt. Durch dich habe ich so viele verschiedene Menschen kennen und lieben gelernt. Durch dich weiß ich jetzt, dass nicht alles so ist, wie es scheint. Durch dich habe ich so viele Einblicke in anderer Leute Leben und Gefühle bekommen, dass sich meine Weltansicht verändert hat.

Ich sehe jetzt mehr in den Dingen. Ich begrenze Worte nicht auf Buchstaben. Und Gegenstände nicht auf ihr Aussehen. Dank dir sehe ich jetzt die Welt, die sich dahinter versteckt.

Und deswegen möchte ich klarstellen, wie wundervoll du bist.

Doch es gibt Menschen, die das nicht erkannt haben. Und leider gehörte ich einst selbst zu diesen Menschen. Aber jetzt ist das anders. Deine Geschichte ist atemberaubend und magisch. Jetzt habe ich erkannt, was wirklich in dir steckt.

Denn wie ich schon gesagt habe:

Du bist wundervoll und ich liebe dich. Denn. Du. Bist. Ein. Buch.

Nicolai Koch

Entwurf

INSPIRIERT DURCH: FERNANDO PESSOA: DAS BUCH DER UNRUHE

Ich liebe dich und wende mich ab,
wenn du dich entblätterst.
Ich will dich nicht sehen.

Ich liebe dich und rede nur
über Belangloses, wenn wir uns sehen.
Ich will nicht wissen, was du denkst.

Ich liebe dich und scheue mich,
dich zu berühren.
Ich will dich nicht fühlen.

Lass mich weiter baden im fernen Traum von unserem
Glück.
Denn in Wirklichkeit liebe ich dich nicht.
Denn in Wirklichkeit liebst du mich nicht.

Und tätest du es, es wäre doch nicht so schön, wie der
einsame Schmerz, der mein kleines flatterhaftes Herz
erdrückt.

Schmetterlingsherz.

Laura Groote

Er

Er ist ein gewiefter Lügner, ein Meister der Manipulation. Die meisten von uns wickelt er tatsächlich um den Finger, mit leeren Augen starren sie alle nach vorne. Dort steht er auf einem großen Podest. Sein Bild auf der riesigen Leinwand hinter ihm. Seine Stimme schallt über zahlreiche Lautsprecher aus jeder Ecke des Platzes. Ekelhaft. Mit trostlosen Seelen jubeln sie ihm zu, keine Vernunft und kein Verstand. Dies hat er ihnen bereits genommen. Mit seinen charismatischen Worten seift er sie ein, bis sie in einer Art Trance jedem seiner Wünsche nachgeben. Ich kann es nicht mit ansehen. Meine Familie, meine Freunde, sie alle sind nicht mehr sie selbst. Ihre Köpfe sind verpestet mit den kranken Ideen und Idealen dieses Mannes, jegliche Lebensfreude und Individualität sind verschwunden. Ihre Herzen sind grau und schwer, jegliche Herzlichkeit und Liebe wurden durch Distanz und Kälte ersetzt.

Traurig ist es. Am liebsten möchte ich mich dem Bedürfnis hingeben, zu weinen. Ich könnte Stunden, Tage, Wochen weinen. Doch ich muss meine Maske wahren, ich darf mich nicht zu erkennen geben. Jede Faser in mir wehrt sich dagegen, doch ich muss tun, was sie wollen, was er verlangt. Ich weiß, was mit Menschen wie mir passiert. Was sie mit Menschen machen, die sich nicht dieser Gehirnwäsche unterziehen lassen. Deshalb muss ich meine Gefühle ausblenden, in der Masse untergehen, einer von ihnen werden. So, wie er es will.

Ich bin allein. Kenne keinen, der mein Leid teilt. Der auch zusehen muss, wie alles, was einem einmal lieb war, zerstört wird. Von einem Mann, der verehrt wird, den die Frauen lieben, die Männer unterstützen. Der mit gebildeten Reden an die verblendete Menge appelliert. Doch seine wahren, bösartigen Gedanken gibt er nicht zu erkennen.

Marina Herrmann

Er liebt den Sommer

Er liebt den Sommer. Nicht des Wetters wegen, obwohl er es schon genießt, wenn die Sonne seine Haut wärmt. Er liebt den Sommer, weil er etwas mit den Menschen macht, sie wirken in seinen Augen glücklicher und das warme Wetter lockt sie aus den Häusern. Solch ein Tag ist auch heute, die Fußgängerzone, durch die er immer laufen muss, ist total überfüllt und er musste schon ein paar spielenden Kindern ausweichen. Normalerweise hört er Musik auf dem Nachhauseweg, es hilft ihm, sein Gehirn zu entspannen und an andere Dinge zu denken. Doch heute will er lieber den Trubel um sich herum mitbekommen, denn er mag es, unter Menschen zu sein und sie zu beobachten. So beobachtet er Kinder, die an einem öffentlichen Brunnen spielen, während die Eltern in einem Café in der Nähe unter Sonnenschirmen geschützt sitzen und gemütlich Eiscafe schlürfen.

Die Schlange vor der besten Eisdiele der Stadt geht durch die halbe Fußgängerzone und er muss sich zwischen ein paar Kindern durchquetschen, um seinen Nachhauseweg fortsetzen zu können. Natürlich sieht er auch ein junges Paar, das auf einer Bank mitten in der Sonne sitzt und sich fest umschlingt, obwohl es brütend heiß ist. Er setzt seinen Weg unbekümmert fort, während er mal hierhin und dorthin schaut, als plötzlich etwas seine Aufmerksamkeit erregt, das nicht in die idyllische Landschaft der Fußgängerzone passt. Ein junges Mädchen und ein älterer Herr streiten sich lautstark, eine kleine Menschenmenge hat sich schon um sie gesammelt. So etwas beobachtet er normalerweise nicht, denn er hasst es, wie sich die meisten Menschen an dem Elend anderer ergötzen, und zu diesen Menschen will er nicht gehören. Aber irgendetwas hält ihn zurück, doch einfach nur daran vorbeizulaufen. Also bleibt er stehen, jedoch hält er sich im Hintergrund.

Das junge Mädchen und der ältere Herr stehen so, dass er nur ihre Profile sehen kann. Dadurch kann er sehen, dass beide jeweils einen Henkel einer Tüte in der Hand haben und wild daran herumzerren. Das Mädchen trägt ein blutrotes Sommerkleid, welches nur von dünnen Spaghettiträgern gehalten wird und ihren dunkelbraunen Haaren schmeichelt. Der Mann hingegen ist für dieses sommerliche Wetter unpassend gekleidet, er trägt dicke Medizinschuhe, eine unbequeme Cordhose, ein Hemd plus Fliege und darüber trägt er sogar noch eine Weste. Allein der Anblick dieses Outfits genügt, um ihn noch mehr ins Schwitzen zu bringen.

Plötzlich stampft das Mädchen mit den Füßen auf, die nur durch dünne Flip-Flops vom heißen Asphalt getrennt werden, und redet dabei wütend auf den Mann ein. Der Mann fuchtelt jetzt mit einem schwarzen Gehstock bedrohlich nahe vor ihrer Nase herum und brüllt sie an. Um zu verstehen, über was die beiden sich streiten, hat er sich zu weit weggestellt. Der Gehstock rast mit erstaunlicher Geschwindigkeit nach unten und trifft mit voller Wucht den nackten Fuß des Mädchens. Das Mädchen lässt abrupt die Tüte los, hüpft auf einem Bein und reibt sich den schmerzenden Fuß. Den Mann scheint dies nicht zu kümmern, er schnappt sich die Tüte und läuft einfach in die entgegengesetzte Richtung weg. Eine Weile schaut er ihm noch hinterher, bis er von der Menschenmenge verschluckt wird. Dann sieht er, wie sich das Mädchen an den Brunnen setzt, wo die kleinen Kinder spielen, und ihren schmerzenden Fuß ins Wasser hält. Die restlichen Schaulustigen sind inzwischen weitergegangen, nur noch er steht da und schaut sie an.

Ein innerer Kampf beginnt, einerseits will er auch einfach weiterlaufen, weil es ihm ein wenig peinlich ist, dass er auch nur blöd zugeschaut und nichts getan hat. Andererseits will er genau deswegen zu ihr gehen, weil er zugeschaut und nichts getan hat.

Nach einigem Hin und Her entscheidet er sich für die Variante, die sein schlechtes Gewissen beruhigen wird, und marschiert auf das Mädchen zu. Vor ihr bleibt er dennoch unschlüssig stehen, verlegen kratzt er sich am Hinterkopf und tritt von einem Fuß auf dem anderen.

„Ähh … Hey?“, es ist mehr gestottert, als dass er wirklich spricht, deshalb würde er sich am liebsten umdrehen und doch noch davonlaufen. Zu spät. Das Mädchen hat ihn bereits bemerkt und dreht sich zu ihm um.

„Oh, hallo“, antwortet sie freundlich, was ihn ziemlich verwundert, schließlich hat sie sich gerade lautstark gestritten. Er setzt sich neben sie auf den Rand des Brunnens, um sie besser sehen zu können. Ihre Wangen sind gerötet, wodurch sie noch kindlicher aussieht.

„Ist bei dir alles okay? Ich hab nämlich gesehen, wie der Mann seinen Gehstock voll auf deinen Fuß gerammt hat.“

Ihr Blick huscht zu ihren Füßen im Wasser, sie schaut jetzt etwas gequälter drein. „Es geht. Das kühle Wasser hat mir schnell die Schmerzen genommen, aber es wird bestimmt noch ein blauer Fleck bleiben.“

Ihre Füße verursachen kleine Wellen im Brunnen, als sie

sie hin und her schwenkt, wie hypnotisiert starren beide die Wellen an, bis sie das andere Ende des Brunnens erreicht haben.

„Über was habt ihr euch eigentlich genau gestritten?", getraut er sich schließlich doch zu fragen. Auf einmal schaut das Mädchen ihn wieder an und hat ein kleines Lächeln um die Lippen.

„Das hast du nicht mitbekommen? Und ich dachte, man hat uns die ganze Fußgängerzone entlang gehört!" Sie lacht tatsächlich ein bisschen. Jetzt schaut er verlegen auf ihr Füße, während er sich am Hinterkopf kratzt.

„Nun ja, ich stand ein wenig abseits und hab mich konzentriert, euch nicht so zu belauschen. Ich mag es nämlich auch nicht, wenn jemand mich belauscht."

Ihr Lächeln bleibt auf den Lippen, worüber er irgendwie froh ist. „Da es eh so gut wie alle mitbekommen haben, kann ich es dir auch erzählen. Eigentlich ging es um eine ziemlich banale Sache. Und zwar wollte er diese Tüte tragen, aber er darf nichts Schweres heben, im Allgemeinen soll er vermeiden, Dinge zu tragen, sagt zumindest sein Arzt. Er ist da anderer Meinung." Ein Seufzer fährt ihr über die Lippen, als ob dies schon öfter passiert ist.

„Aber warum hilfst du ihm überhaupt, wenn er so gemein zu dir ist. Er sollte froh sein, dass er jemanden hat, der sich um ihn sorgt und kümmert", sagt er leicht empört.

„Weißt du, das mag sein, aber es verletzt seinen Stolz, wenn er sich nicht mehr um sich selbst kümmern kann." Verwirrt schaut er sie an, denn nachvollziehen kann er das nicht wirklich. Wenn jemand so auf seine Hilfe reagieren würde, sie total zurückweisen würde, würde er solch einer Person nicht mehr helfen. Letztendlich spricht er auch seinen Gedanken aus:

„Ich würde keiner Person helfen, die so gemein zu mir ist und meine Hilfe so zurückweisen würde. Nur weil es ihren Stolz verletzen würde, so was finde ich egoistisch."

Er wartet gespannt auf ihre Reaktion, weil er dennoch Angst hat, sie verletzt zu haben. Eine Weile kaut sie auch nur auf ihren Lippen herum, bevor sie schließlich etwas sagt:

„Du magst nicht ganz unrecht haben, aber du musst mal überlegen, was er schon vielleicht in seinem Leben durchgemacht hat, weshalb er so geworden ist und warum er sich unbedingt um sich selbst kümmern will. Ich kenne seine Geschichte und kann ihn deshalb verstehen. Denn bevor du über jemanden urteilst, solltest du seine Geschichte kennen." Und mit diesen Worten steht sie auf und schlüpft in ihre Flip-Flops und macht sich auf den Weg, hinter dem Mann her. „Tut mir leid, aber ich sollte ihm besser hinterhergehen. Danke, dass wenigstens du angehalten hast, um zu schauen, dass es mir gut geht." Sie dreht sich noch mal um, winkt ihm freudig zu und rennt in dieselbe Richtung, in die der Mann verschwunden ist. Bevor er noch etwas sagen kann oder ihr winken kann, ist auch sie von den Menschenmassen verschluckt worden.

Larissa Birkel

Erlösung

D'Arumo hatte es satt. Er hatte es alles satt.

Er hatte es satt, seit Hunderten von Jahren sein Leben an den Schattenorten der Welt fristen zu müssen. Er hatte es satt, einmal im Monat einen Unschuldigen leerzutrinken, nur um am Leben bleiben zu können, nur weil der Rausch ihn dazu zwang. Er hatte es satt, nicht unentwegt die Kontrolle über sich zu haben.

Er hatte genug von diesem Leben.

Und er wünschte sich nichts sehnlicher als die Erlösung von diesem ewigen Leid.

Der Morgen nahte.

Gegen die Dämmerung, die sich bereits als schmaler Streifen am Horizont zeigte, hoben sich die Silhouetten der Häuser des abgelegenen Dorfes unscharf ab.

Trotz des Zwielichts konnte D'Arumo dank seiner geschärften Augen die Umgebung genauestens wahrnehmen: die wenigen Häuser, die den Platz, in dessen Mitte er sich befand, umringten; die Äcker und Stallungen, die sich dahinter auf dem weitläufigen Brachland erhoben; die zu dieser frühen Stunde wie leergefegte Straße, die vor ihm begann und geradewegs in Richtung Sonnenaufgang führte.

Auch erkannte er im Augenwinkel die schemenhaften Gestalten einiger Bewohner dieses kleinen Dorfes. Eine Handvoll Menschen, die wohl besonders früh aufgestanden waren, um ihren Aufgaben – dem Bestellen der Felder und der Versorgung des Viehs – nachzugehen, sowie auch ein paar Vampire, die sich in den Schatten der Häuser verbargen. D'Arumo wusste von ihrer Anwesenheit, weil er die Angst der Menschen riechen konnte, die diese in der Gegenwart von Vampiren immer überkam, weil sie nicht wissen konnten, wann wieder der Zeitpunkt gekommen war, an dem das gewöhnliche Essen den Hunger der Vampire nicht mehr zu stillen vermochte und sie das Blut eines Menschen brauchten, um am Leben zu bleiben.

Am Ende waren die Menschen, deren Zeit auf der Welt unbestimmt kurz war, doch stets nur Essen, während das Leben eines Vampirs niemals selbst endete, jedoch viele Menschen das ihre kostete.

D'Arumo spürte die Blicke seiner Bekannten auf sich ruhen, die er hätte Freunde nennen müssen nach all der Zeit, die er mit ihnen verbracht hatte. Seine wirklichen Freunde hatte er zurücklassen müssen – schon vor hunderten von Jahren.

Zeit heilte nicht jede Wunde.

Er erinnerte sich gut an die Frau, die er geliebt hatte. (…)

Maja Klös

Feuerzeug

Es war der Tag nach Freitag, nicht Samstag, noch nicht, aber Freitag schon auch nicht mehr, als er und ich zusammen auf jener Bank saßen, auf der wir uns kennenlernten, während sich vor uns die hohen grauen Gebäude erhoben. Nun ja, für gewöhnlich waren sie grau, aber jetzt waren sie dunkel, in Schatten getaucht.

„Es ist dunkel geworden", begann ich das Gespräch, das vor einigen Minuten im wohligen Schweigen einer abgeschlossenen Diskussion geendet hatte.

„Du?", fragte er und schaute mich an. Ich wurde verunsichert. „Ja, ich kann kaum dein Gesicht sehen." Wie aufs Stichwort holte er sein Feuerzeug aus der Hosentasche und entfachte eine kleine Flamme. Einen Moment lang, vielleicht auch zwei, schauten wir ihr dabei zu, wie sie sich in unserer Atmung beugte. Dann hob er seine tiefe Stimme.

„Was siehst du?" „Feuer, also Licht", antwortete ich, ohne den Blick von dem Feuerzeug zu heben, das sein Gesicht erhellte, mit der Miene, die er immer hatte, wenn er kurz davor war, lang angestaute Gedanken auszuschütten, wie ein brechender Damm. „Aber ist es hell?", fragte er weiter, mit beruhigendem Tonfall, wie zu einem Kind. Als könnte nur die Hausfassade gegenüber die richtige Antwort liefern, schaute ich hinüber. Sie war dunkel.

„Nein", murmelte ich zögerlich, „nein, es ist noch immer alles dunkel", außer dein Gesicht, wollte ich hinterher sagen, doch ich vergaß es sofort wieder.

„Nur weil es nicht genügend Licht zum Leuchten gibt, heißt es nicht, dass es dunkel ist." Er blies die Flamme aus, und gäbe es einen Rauchschleier, wie bei einer Kerze, hätten wir ihm nachgeschaut. Stattdessen ließen wir die erneute Dunkelheit einen Augenblick zwischen uns liegen. Ich schaute zu ihm hinüber und bemerkte im fast lichtlosen Dunkel, dass mir sein Gesicht und Oberkörper komplett zugewandt waren. Ich hörte ihn lächeln.

„Du siehst die Dinge, wie sie sein sollten, nicht, wie sie sind. Die Häuser uns gegenüber. Welche Farbe haben sie?" Ist dunkel eine Farbe, fragte ich mich im gleichen Moment, in dem ich das Wort „grau" fast schon fluchtartig sagte. Ich sah nicht, dass er die Augenbrauen hob, aber ich wusste, dass er sie hob, so hoch, dass seine Stirn Falten schlug, wie bei einem alten Mann.

„Nein", verkündete er fast feierlich, „diese Häuser sind schwarz. Wenn genügend Licht da ist, dann sind sie grau, aber jetzt sind sie schwarz. Schau doch hin."

Mein Blick senkte sich auf die Straße. Ich wusste ja, dass sie schwarz waren. Er lachte tief. „Lass dich nicht von Variablen täuschen." „Wieso sagst du mir das?" Es gelang mir, dies auszusprechen, ohne die Wärme in meiner Stimme zu verlieren. Ich hörte den harten Stoff seiner Jacke knicken und bemerkte, wie still es um uns herum war. Er hatte den Kopf gesenkt. „Weißt du, manchmal kommt es vor, dass wir Beeinflussbares für wichtig halten." Ich erwiderte nichts und schaute auf die Häuser, während ich Gesagtes schwer hinunterschluckte, wie nicht gut gekaut.

Ich hörte das Knistern seines Feuerzeugs und nahm aus dem Augenwinkel die Flamme wahr, die er zwischen uns hielt.

Er schaute genau wie ich auf die Fassade, und wir befanden uns wieder in der angenehmen Stille, die Worte machen, wenn sie ganz tief in die Gedanken einer Person sinken und sich dort festsetzen. Ich hatte das Gefühl, das Feuer würde meine kalten Hände erwärmen, die auf meinen Beinen lagen.

Aber ich misstraute mir.

Mila Foterek und Selma Hübner

FRAU SEIN

Nichts drum herum und dennoch alles auf einmal.
Allein und dennoch mittendrin.
Allein als Frau, als Mutter, als Geschöpf, welches Geschöpfe entstehen lässt.

Jeden Monat pflückt jemand meine Orchidee
und das tut verdammt weh.
Becken ist gefüllt und quillt aus,
kein Augenschmaus.

Der Körper. Ein Mysterium. Blut.
Überall.
Und die Schmerzen, die nicht aufhören.
Es ist warm. Juli.

Leute verschließen die Augen,
sprechen kein Wort drüber.
Würd' viel lieber mit Latzhose schaukeln,
lese keine Anatomiebücher.

Meine Blüte schmerzt und lässt mich nicht los.
Der Schmerz im Inneren lässt mich nicht los.

Greife zum Spiegel und kenne mich,
erkenne mich, an sich.

Im Kopf. Im Körper.
Und ich bin allein, denn Ich bin Ich.

Gebaut wie eine Schnecke,
schleimig, rund, mit Biss und Stich.

Mittendrin und dennoch allein.

Orchidee – Schmerzen
Scherzen – zu unterschätzt
erkenne mich – denn ich bin ich
mit Biss und Stich – allein
und dennoch Bein an Bein.

Theresa Schlosser

Freiheit

Der erste Stich sitzt tief. Sie spürt, wie sie sein Fleisch durchtrennt, jede Sehne, die sie auseinanderreißt. Sein Mund verzieht sich zu einem Schrei. Ohrenbetäubend laut. Bei dem zweiten spürt sie die Härte seiner Knochen. Sie lacht. Laut und fröhlich. Er hat all das verdient. Jede einzelne Wunde, die ihm seine Haut zerreißt. Dafür, dass er sie belogen hat. Dafür, dass er sie gefoltert hat, und dafür, dass sie so lange Zeit nicht ihr Leben leben konnte. Hätte sie damals nur besser aufgepasst und sich nicht so einfach blenden lassen.

Doch mit seinen dunkelbraunen Augen und dem wirren Haar, das ihm leicht über die Stirn fällt, hatte er sie sofort verzaubert.

„Lassen Sie mich Ihnen behilflich sein." Dankbar sah sie ihn an. „Vielen, vielen Dank. Sie retten mir gerade echt das Leben."

An der Kasse nicht genug Geld dabeizuhaben, war ihr noch nie passiert. Hinter ihr eine Menschenschlange, die genervt dabei zusah, wie sie ihr Geld ein weiteres Mal zählte. Sam zog einen Fünfeuroschein aus seiner Tasche und gab ihn ihr.

„Ich zahle es Ihnen zurück oder revanchiere mich irgendwie. Versprochen", versicherte sie ihm. Sein Lächeln raubte ihr den Atem. „Sie könnten mit mir einen Kaffee trinken gehen."

Wie hätte sie ihm das abschlagen können? Ihrem Retter in der Not.

Diesmal setzt sie ihr Messer an seinen Bauch. Langsam und

genüsslich schneidet sie ihn auf. Das Blut läuft über seine Muskeln und tropft auf den beigen Designerteppich. Wäre er nur besser mit ihr umgegangen.

Drei Jahre. Seit drei Jahren war sie seine Gefangene. Er liebte es, sie zu besitzen, sie herumzuzeigen, wie eine Trophäe. Sie selbst hasste es.

Ihre braunen Haare bevorzugte er in Blond. Sie färbte sie. Ihre kurvige Figur bevorzugte er schlank. Sie nahm sieben Kilo ab. Egal was er wollte, sie tat es. Nicht für ihn, sondern für sich. Um ihr Leben zu sichern. Um das Leben derer zu retten, die sie liebte. Das Leben von Tim. Auch wenn er bei seinem Vater lebte und sie sich nur einmal im Monat sahen, so war er doch ihr kleiner Schatz. Ihr Ein und Alles. Sam hatte ihn aufgespürt, als sie ihn verlassen wollte. Dabei hatte sie ihm nie etwas von ihrem Sohn erzählt oder von ihrem Ex-Mann. Es war noch zu früh gewesen, diesen Teil ihres Lebens preiszugeben.

Mit ihrem Gesicht in seiner Hand zwang er sie, ihn anzusehen.

Sein Kopf kam immer näher zu ihrem, bis nicht mehr als ein Blatt Papier zwischen sie gepasst hätte.

„Ich liebe dich, Sarah", noch nie hatte er so verzweifelt geklungen. „Ich brauche dich und ich kann nicht zulassen, dass du gehst. Niemals!" Er drückte seinen Mund auf ihren. „Lass mich dir was zeigen, was deine Meinung vielleicht ändert." Entschlossen nahm er ihre Hand und zerrte sie hinter sich her. Vor einem Bildschirm blieb er stehen. Ihr stockte der Atem. „Was?", weiter kam sie nicht. „Schau genau hin, Sarah. Du liebst doch deinen kleinen Sohn, oder? Wie alt ist er jetzt, fünf? Es wäre doch schade, wenn er nicht die Schule besuchen würde. So ein früher Tod wäre eine Tragödie. Und wenn sein Vater wüsste, dass du daran schuld wärst, du deinen Sohn ermordet hast." Er schaute begeistert auf den Bildschirm. In seinem Gesicht spiegelte sich der Sieg wider.

Mittlerweile ist sein Gesicht tränenüberströmt. Er versucht von dem Stuhl aufzustehen, sich zu befreien. „Sarah, ich bitte dich, lass mich endlich gehen. Du hast deine Rache. Du bist frei, für immer. Versprochen, nur hör auf. Bitte." Seine Versuche, sie zu überzeugen, werden immer erbärmlicher.

„Ach, und ich dachte, es gefällt dir. Rot ist doch deine Lieblingsfarbe. Deshalb hast du doch das blutrote Sofa und die tiefroten Vorhänge. Das Beige hat hier noch nie so reingepasst." Unter ihm hat sich eine Blutlache gebildet.

„Genauso wenig wie dein Bart zu deinem Gesicht gepasst hat. Ich habe nie verstanden, wieso du ihn nie rasierst. Aber heute ist dein Glückstag. Ich werde es für dich übernehmen. Es wird Zeit, dass er wegkommt". Ein Hautlappen löst sich von seiner Wange, als sie anfängt zu schneiden. Als sie fast fertig ist, entdeckt sie eine Narbe an seinem Kinn. Instinktiv fasst sie an ihres und spürt ihre Wunde. Der Schorf ist kaum noch da.

Der rote Stoff floss an ihrem Körper herunter. Farblich passend zu ihrem Lippenstift. Er hatte ihr Outfit ausgesucht. Natürlich. Dazu passend rote High Heels und einen roten Choker um ihren Hals. Wie ein Hundehalsband oder ein Geschenk, das er später noch auspacken wollte. Bestimmt hätte er das auch getan, hätte sie ihn nicht vor seinem Chef schlechtgemacht.

„Das wirst du nie wieder tun, oder?" In seinen Augen tobte der Zorn.

„Nein. Nie mehr."

Langsam hob er ihren Kopf an und blickte ihr in die Augen. „Gut. Schade, dass du diese Einsicht erst so spät hast." Das Messer in seiner Hand spiegelte erneut das Licht. Diesmal versteckte er es nicht, sondern hob es an und setzte es an ihr Kinn. Langsam schnitt er in ihr Fleisch. Ein Schrei entfuhr ihr. Er lächelte. „Du weißt doch, dass ich es nicht leiden kann, wenn du schreist." Diesmal setzte er das Messer unter ihrem Schlüsselbein an. Der Schmerz war unerträglich. Ihr Körper krümmte sich, sie schnappte nach Luft. Aber sie schrie nicht. Das Blut fiel auf ihrem Kleid kaum auf.

Jetzt ist sie es, die das Messer an sein Kinn ansetzt. Während sie ihn liebevoll ansieht, teilt sie es in zwei Teile. Sein Schrei erfüllt die Luft. Ihre Hand streicht über seine Wange. Das warme Blut tränkt ihre Finger. Sanft streicht sie damit über seine Lippen. „Schatz, du weißt doch, dass ich es nicht mag, wenn du schreist." Er braucht einen kurzen Moment, um zu verstehen, was folgen wird. Dann weiten sich seine Augen vor Angst. Anstatt mit demselben Messer weiterzumachen, greift sie nach einem neuen. Dem Fleischmesser.

„Es wäre doch langweilig, wenn ich dich so bestrafen würde wie du mich." Mit dem kalten Messer streicht sie über die Stelle unter seinem Schlüsselbein. „Ein Schnitt ist nicht genug, um meine Schmerzen zu fühlen." Mit diesen Worten rammt sie das Messer in seine Haut. Er schreit wieder. Sie sticht nochmal zu.

„Ich hasse dich, habe dich immer gehasst. Doch ich wollte

dich nie umbringen. Es war nicht, wie ich mir mein Leben vorgestellt hatte. Es war nicht mein Leben, das ich gelebt habe. Aber als du begonnen hast, mich wie ein Tier beim Schlachter aufzuschlitzen, kamen die ersten Gedanken. Sie schlichen sich ein und wurden irgendwann zu dem, was mich am Leben erhielt." Ihre Stimme zittert kaum noch. Es ist die Wahrheit und es ist Zeit, dass er sie versteht.

Ich werde ihn umbringen. Doch er würde nicht zögern, ihn umzubringen. Und was für eine Mutter wäre ich, die so etwas zulässt. Eine schreckliche. Es muss einen anderen Weg geben, einen, bei dem er nie mehr jemanden verletzen kann, einen, bei dem er stirbt. Sie erschrak bei ihrem eigenen Gedanken, doch sie wusste, dass sie recht hatte.

Sam atmet nur noch flach. Er schafft es nicht mehr zu reden. Sein Körper ist mehr rot als hautfarben. „Wie schön es doch wäre, wenn der Tod dich jetzt erlösen würde, nicht?" Mit letzter Kraft nickt er. „Spürst du die innere Leere, die Kälte. Du bist kaum noch fähig, dich zu bewegen. Das Einzige, was du fühlst, ist der Schmerz und das Blut, das aus deinem Körper rinnt. Du willst nicht mehr fühlen. Du hast keinerlei Kontrolle mehr über dich selbst. Dabei behältst doch gerade du immer die Kontrolle." Sie grinst ihn an und schlägt ihm ins Gesicht. „Was für eine gütige Person ich doch bin. Ich werde dich erlösen, obwohl du mich nie erlöst hast. Ich werde dich befreien, obwohl du mich eingesperrt hast. Ich bin nicht länger dein Eigentum!" Ihre Stimme ist leise, ihre Wörter bedacht. Immer näher kommt sie auf ihn zu und setzt sich mit dem Gesicht zu ihm auf seinen Schoß. „Was wir hatten, war keine Nähe, genauso wenig wie es Liebe war. Ich gebe dir nur das zurück, was du mir gegeben hast." Jetzt flüstert sie: „Ich werde nicht die sein, die du versucht hast aus mir zu machen. Nein, ich werde endlich wieder ich selber sein können." So fest sie kann, rammt sie ihm das Messer in die Brust. Sie spürt die Knochen, fühlt den Widerstand. Er fängt an zu zucken, versucht zu schreien, und dann, nichts mehr. Es wird ruhig im Zimmer.

Sie hatte jedes Detail geplant. Nichts durfte heute falsch laufen. In ihrem Kissenbezug befanden sich drei Messer. Er hatte sie nicht immer beobachten können, hatte zu sehr auf seine Drohung vertraut. Darauf, dass sie nichts riskieren wollte. Naiv.

Gegen sieben Uhr kam er nach Hause. „Gibt es Essen, mein Liebling?" Mit schweren Schritten trat er in die Küche. Seine Augen weiteten sich erfreut bei ihrem Anblick. Sie trug sein Lieblingskleid. Das bordeauxfarbene, enge, das ihr kaum über den Hintern reichte. „Natürlich", flötete sie und wartete, bis er ihr endlich entgegenkam. Voller Verlangen küsste er sie. Vergessen war sein Hunger, genauso wie seine Wachsamkeit. Für eine Sekunde löste sie sich von ihm, sah ihn an und nahm seinen Kopf in beide Hände. Mit einem Ruck schlug sie ihn auf die noch heiße Herdplatte. Sam sackte zu Boden, doch er war nicht ohnmächtig, so wie sie es geplant hatte. „Du kleine Schlampe", brüllte er. Sein Gesicht war von Wut verzerrt, doch in seinen Augen sah sie schon, was ihr blühen würde, wenn sie heute verlor. Sam wollte sich hochrappeln, doch das konnte sie nicht zulassen. Mit ihrem High Heel trat sie ihm gegen den Kopf und anschließend zwischen die Beine, bis er sich nicht mehr bewegte. Endlich war es so weit. Ihre Rache war gekommen.

Sie schaut ihn noch ein letztes Mal an und lächelt. Es ist vorbei. Sie greift nach dem gelben Kleid, das sie sich gekauft hat. Ihre Tasche ist schon gepackt. Geld und schwarze Haarfarbe.

Sarah schaut durch das Fenster zu, wie der Mann dem kleinen Jungen die Pfannkuchen auf den Teller legt. Seine Augen glänzen vor Freude. Er liebt Pfannkuchen. Am allermeisten mit ganz viel Nutella. Für ihn hätte sie alles durchgestanden, denn er ist der Einzige, den sie noch liebt.

Als sie die Sirenen hört, weiß sie, es ist so weit. Sie lächelt. Auch wenn sie es nicht verstehen werden. Sie ist frei. Für immer.

Fahtima Zerbo

Friseurgedicht

Haare
weg!

Johanna Flachs

Galilahi

Geschichte war sein Lieblingsfach. Er war Klassenbester und der Liebling seiner Lehrerin. Hatte er gute Tage, machte ihm der Geschichtsunterricht sogar Spaß. Doch heute war kein guter Tag. Es war einer dieser Tage. Vielleicht würde es wieder zu einer Woche, einem Monat oder einem neuen Rekord werden. Obwohl er seine Tabletten einnahm, wie er es seiner Mutter versprochen hatte, fühlte er sich kein Stück besser. Er seufzte. Ein letztes Mal hatte er versucht, seine Gedanken zu fokussieren, doch als seine Lehrerin, mit einem breiten Grinsen im Gesicht, das Leben der Cherokee als Thema der zweiten Stunde benannte, schweiften seine Gedanken ab. Zu oft hatte ihm seine Oma von den Göttern und den alten Sagen erzählt, wenn er sie auf ihrer Lavendelfarm besucht hatte. Ein kleines Grinsen huschte über seine Lippen bei dem Gedanken an seine Oma. Immer hatte er sie geärgert. „Do-tsu-wa!", hatte er gerufen, den Rufnamen seiner Oma, eines der vielen Überbleibsel ihrer Vorfahren, das sie wie einen Schatz hütete. Immerzu war er mit ihrer Halskette davongelaufen, die sie als Angehörige des Cherokee-Stammes auszeichnete, mit der roten Feder, befestigt an einem Lederband, die sie wegen ihres Namens von ihrem Opa erhalten hatte. In kühlen Sommernächten hatten sie immer zusammen auf der Veranda ihres Hauses gesessen. In den Korbsesseln mit den schön bestickten Kissen und in weiche Decken eingekuschelt. Bevor sie mit ihren Geschichten begann, holte sie immer einen Korb voll Lavendel aus den Feldern, die das Haus umgaben, und zündete ihn in einer Schale an.

Während der Duft des Lavendels in die Sommernachtsluft stieg und die Ruhe einkehrte, über die ich mehr als dankbar war, zündete ich die Kerzen an. Ein Ritual, das wir nie umgingen. Lange lauschte ich ihren Geschichten über das Leben der Cherokee und all ihren Ritualen und Sagen, bis mich Omas sanfte Stimme und das Flackern der Kerzen in den Schlaf wiegten. Nur eine Geschichte hielt mich bis in die Morgenstunden wach. Immer und immer wieder bestand ich darauf, sie ein weiteres Mal zu hören, mit leuchtenden Augen hatte ich gelauscht und gehofft, ein neues Detail zu erfahren. Niemandem hatte ich mehr vertraut als meiner Großmutter, nachdem meine Mutter früh gestorben war und mein Vater sich lieber in Arbeit erstickte, als die Zeit mit mir gemeinsam durchzustehen.

Eine sanfte Stimme ließ ihn aus seinen Gedanken aufschrecken. Ihre langen, schmalen Finger griffen nach dem goldenen Kugelschreiber, der in geschwungenen Buchstaben die Gravur ihres Namens trug. Er war gerade filigran genug, um ihren anmutigen Bewegungen gerecht zu werden. Die vollen, langen Haare hatten zuvor in großen Locken auf ihrem Rücken gelegen, bevor sie sich vorgebeugt hatte, um ihre Gedanken zu ordnen, und sie sich sanft um ihr Gesicht geschmiegt hatten. Die braune Farbe ihrer Haare müsste viel dunkler sein, um ihre helle Haut nicht fahl wirken zu lassen, dachte er, und doch wirkte sie, als leuchtete sie golden, wenn das Licht der Sonne auf ihr lag. Ihr aus einem Ober- und einem Unterteil bestehendes Kleid, das in seiner Machart viel zu aufwendig schien, umschmeichelte die Konturen ihres Körpers trotz seines locker anliegenden Stoffes. Die Barockärmel des roséfarbenen Oberteiles schwangen im Einklang mit den Bewegungen, die ihre Gestik verursachte. Goldene Reifen zierten den Stoff oberhalb des Ellenbogens und geschwungene Muster umspielten ihr Dekolleté. Etliche Stofflagen formten den Rock in einem zarten Lila, der von einem Gürtel gehalten wurde. Die verspielten Muster am Stoffrand erinnerten ihn an viele Kleidungsstücke seiner Großmutter, die noch von den Cherokee stammten. Wie als hätte sie seine durchdringlichen Blicke gespürt, wandte sie ihren Kopf in seine Richtung. Er betrachtete ihre Augen, die Sonne verlieh ihnen einen goldenen Schein, der ihn ebenso an seine Großmutter erinnerte wie der fragende, forschende Blick, den er in ihren Augen gefunden hatte. Als würde sie in ihn hineinschauen, hielt sie ihren Blick für einige Augenblicke auf ihm, während sie sprach. Sie hatte denselben forschenden Blick, den er oft auf sich gespürt hatte, wenn seine Großmutter nach den Antworten gesucht hatte, die er ihr nicht gab. „Die Götter haben dich nicht vergessen“, hatte sie oft gesagt, „ich weiß, dass die Mutter etwas für dich vorgesehen hat, ich spreche jeden Tag zu ihr.“

Oft waren die Kerzen längst ausgebrannt, wenn sie ihre Erzählungen beendete. Damals war es ihm nicht bewusst gewesen, doch wenn er darüber nachdachte, wurde ihm bewusst, wie viel sie und ihre Geschichten – die nicht nur eine wunderbare Ablenkung, sondern auch der Schlüssel zu einer Traumwelt waren, die ihm die Flucht vor der dunklen Realität ermöglichte – ihm geholfen hatten. Damals wünschte er sich, die Traumwelt würde zur Realität werden, wie seine Großmutter daran glaubte. Er hatte wirklich versucht zu glauben, doch die Kämpfe gegen sich selbst hatte er verloren. Und immer war sie es, die ihn zurückgeholt hatte, ihm Schutz geboten hatte. Schutz vor ihm selbst.

„Lass mich dir von den Töchtern der Sonne erzählen“, hatte sie begonnen. Ich versuchte nicht, mich zu wehren, ich wusste, sie würde meine Versuche nicht beachten, und außerdem wusste sie als Einzige, was mich mich besser würde fühlen lassen, besser als ich es tat. Ich nickte. „Wir nennen sie Galilahi“, sagte sie, die Zufriedenheit in ihrer Stimme schien fast greifbar zu sein. Ich blickte auf und sah, dass sie ihre Augen geschlossen hatte und tief in den Bauch atmete. Bevor ich mir Sorgen machen konnte, spürte ich, was sie ergriffen hatte. Mit einem Mal wurde mein Körper von einem atemberaubenden Wohlgefühl durchströmt. Wissend, was ich fühlte, legte mir meine Großmutter lächelnd ihre Hand auf die Schulter, überwältigt begann ich zu lachen. Ich empfand Erleichterung. Großmutter ließ sich sofort von meiner Freude anstecken. Lange saßen wir so da, sie und ich. Und doch war es so, als wären wir nicht mehr alleine. Ich spürte den Wind auf meiner Haut, roch den Duft des Lavendels der Felder. Jedes kleine Geräusch drang zu meinem Gehör vor und bezauberte mich mit den schönsten Melodien. Ich betrachtete die Krähen, die so oft auf der Veranda gesessen hatten, und erfasste sie mit ganz neuen Augen. Ich sah das Leben. Ich konnte es spüren, hören und riechen. Die Welt um mich herum war das Schönste, was ich mir je vorgestellt hatte. „Vertraue auf sie. Sie wird dir zeigen, was du gesucht hast, und geben, wovon du nicht träumtest“, flüsterte sie mir immer noch lächelnd zu.

„Liam?“, holte mich meine Lehrerin zurück in die Realität, „möchtest du etwas hinzufügen?“ Ich bemerkte das Lachen auf meinen Lippen und fühlte, wie ich aus meiner Trance herausgezogen wurde. Doch das gute Gefühl, das sie mir gegeben hatte, blieb zu meiner Verwunderung. „Galilahi“, sagte ich, ohne es bewusst zu tun. Noch immer waren meine Gedanken weit entfernt von diesem Klassenraum, der vor Verwunderung zu Tuscheln begann. Ungewollt fiel mein Blick auf Lyn. Das Mädchen mit der sanften Stimme, den schmalen Fingern, den anmutigen Bewegungen, den wunderschönen, braunen Haaren und den sanften Gesichtszügen. Sie hob den Kopf und ließ mich direkt in ihre großen, goldenen Augen schauen. Ich musste vor Erleichterung seufzen. „Galilahi", begrüßte ich sie atemlos. Ihre schönen Augen weiteten sich vor Überraschung und ihre zarten Lippen öffneten sich. Die Augen, in denen ich das Leben sah, und die Lippen, an denen ich es spüren konnte. Ich wurde wieder von vollkommener Erleichterung und von Freude erfüllt, doch war es viel heftiger als damals, auf der Veranda meiner Großmutter, wo es nur die alleinige Vorstellung gewesen war, die es ausgelöst hatte. Ich musste den Kopf auf die Hände stützen, um nicht ohnmächtig zu werden. Ein Schauer nach dem anderen durchrollte meinen Körper, doch ich konnte nur in Lachen verfallen, wie ich es damals getan hatte. Nie mehr hatte ich mich so gefühlt, nachdem es mich ergriffen hatte. Mit einem Mal fand ich Halt. Sie hatte meinen Kopf mit ihren vorsichtigen Händen angehoben. Schlagartig öffnete ich meine golden leuchtenden Augen. Ich sah, wie die goldenen Tattoos auf ihrer Haut aufleuchteten und sich über ihren gesamten Körper ausbreiteten, kurz bevor ich spürte, wie sich die Verbindung schloss.

Saskia Kasten

Großstadtviertel

In Reih und Glied
Kredit und Miet
Stock um Stock stehen sie da
Fast symmetrisch
Geometrisch
In der Mitte
Schmal der Pfad
Für zwei Autos reicht er grad
Blumenkästen anstatt Gärten
Da soll man sagen lebt's sich schön
Ist doch kaum mit anzusehen
Ach und diese armen Leute müssen so viel Treppen gehen

Clara Drewelies

Herbstgedicht

Blätter
weg

Lena Waha

Ihr Planet

Sie schaute aus dem Fenster des Busses und betrachtete das Farbenspiel der frühmorgendlichen Sonne auf den bunten Baumkronen. Es war Herbst und die Blätter der Bäume erstrahlten noch einmal in voller Pracht.

Reisetagebuch Eintrag 1

Ich suche einen Sinn. Etwas, das mir Halt gibt. Ich suche Antworten auf ungestellte Fragen.

Meine Route:

Ich werde auf den höchsten Berg Österreichs (Großglockner 3798 m) wandern. Der Beginn meiner Wanderung liegt am Parkplatz Lucknerhaus (1920 m Höhe).

Der Bus hielt mit quietschenden Reifen. Kurz darauf öffneten sich die Türen und kalte Herbstluft strömte ins Innere. Lucia streckte ihre Nase in die kalte Zugluft. Sie war froh, endlich angekommen zu sein. Der Weg war nicht schwer zu finden. Es war lange nicht mehr so still um sie herum gewesen. Ein paar Schmetterlinge, einige Vögel, leichtes Zwitschern, das Rauschen des Windes und das Rascheln des Grases unter ihren Füßen. Mehr nicht. Es war zu einsam, zu still. Sie begriff nicht, warum sie genau in dem Moment, in dem sie alles hatte, was sie wollte: Ruhe, Abgeschiedenheit, frische Luft und Freiheit, unglücklicher war als jemals zuvor. Dass sie genau in dem Moment, auf den sie ihre Hoffnungen gesetzt hatte, plötzlich einsamer war denn je. Sie hatte nichts begriffen, gar nichts. Noch nicht.

Eintrag 2

Ich schwimme in einem Meer
Einem Meer aus Tränen
Einem Meer aus Kälte
Einem Meer aus Wut
Einem Meer den Tautropfen gleich
Eine Größe in sich
Oh, mein Meer
Rette mich!

Es dauerte etwa eine Stunde, bis sie an der Lucknerhütte angekommen war. Die Hütte war vollständig aus Holz gefertigt und in den Fensterrahmen standen bunte Blumentöpfe voll blauer Vergissmeinnicht und roter Hyazinthen. Ein paar Tische draußen waren besetzt. Sie blieb kurz am Rande des Weges stehen und setzte ihren Rucksack ab, um etwas zu trinken, bevor sie ihren Weg fortsetzte.

In der zweiten Hütte konnte man übernachten, um am nächsten Morgen früh mit der Gipfelbesteigung zu beginnen. Um die Mittagszeit kam sie dort an und mietete sich ein Bett für die Nacht. Danach setzte sie sich an einen der draußen stehenden Tische, an denen viele schwatzende Wanderer saßen, die meisten schon etwas älter oder Österreicher – oder beides. „Ist der Platz neben dir noch frei?" Sie wandte sich um und erblickte einen Mann um die zwanzig. Wanderoutfit, blonde Haare, eine Augenfarbe, die aus einem ganzen Farbkasten zu bestehen schien. „Klar, setz dich doch", antwortete sie. „Hi, ich bin Mica", sagte er und reichte ihr die Hand. „Lucia", antwortete sie. Sie fand schnell heraus, dass

Mica kein Mensch war, der großen Wert auf Kennenlern-Smalltalk legte. Er erzählte einfach so drauflos, als würde er das Buch ihrer gemeinsamen Geschichte wahllos irgendwo aufschlagen. Sie stellte sich oft vor, dass ihr Leben eine Bibliothek war und jedes Buch von einer zwischenmenschlichen Beziehung oder einer Person erzählte. Manchmal kamen neue dazu und andere wurden ausgeliehen, um vielleicht irgendwann später wieder in ihr Leben zu treten. Einige waren längst verloren gegangen und kamen nie wieder zurück. Und was am schlimmsten war, viele Bücher endeten mitten im Satz, oder ab irgendeinem Zeitpunkt wiederholten sich dieselben Sätze, immer und immer wieder, ergaben plötzlich keinen Sinn mehr. Genau da hinkt der Vergleich, weil das Leben eben keine Geschichte mit einer Einleitung, einem Hauptteil und einem Schluss ist, es endet mitten im Satz, macht den Autoren einen Strich durch die Rechnung. Sie konnte sich nicht vorstellen, dass sich bei Mica auch nur ein Satz wiederholte.

Er hatte mit achtzehn Jahren sein Abitur gemacht und dann erst einmal ein Jahr in einem Café gearbeitet, um Geld für eine Weltreise zu verdienen, von der er seit Kindestagen an geträumt hatte. „Ich weiß, das klingt jetzt blöd", sagte er, „aber als Kind hatte ich so eine große Weltkarte in meinem Zimmer hängen, und davon abgesehen, dass man mit Zwei-Cent-Münzen auf den Ländern rubbeln musste, damit diese bunt wurden, und jetzt mal ehrlich, so eine bunte Weltkarte macht doch viel mehr her als eine einfarbige, konnte ich nie verstehen, warum man sein ganzes Leben lang auf einem kleinen Kontinent wie Europa bleiben sollte."

Sagte er, während er vor einer Hütte in Österreich saß. Sie mussten beide lachen. Er zog aus seinem Rucksack eine Weltkarte voll bunter Sprenkel. So bunt wie seine Augenfarbe, schoss es ihr durch den Kopf. Fast ganz Europa, große Teile Asiens, Südamerika und ein kleiner Teil Afrikas setzten bunte Akzente. „Ich habe probiert, möglichst viele Sprachen in der Schule zu lernen, denn in der Schule musste ich so oder so sein, und wenn, dann wollte ich die Zeit wenigstens sinnvoll nutzen. Mein Ziel ist es, erst zu sterben, wenn diese Karte bunt ist, und zwar ganz und gar. Und da ich noch nie in Österreich war und ich bald meine Eltern und Freunde in Deutschland besuchen will, dachte ich, wieso denn eigentlich nicht?“ „Warte mal“, unterbrach sie ihn, „du warst noch nie in Österreich?“ „Nein.“ „Das liegt direkt neben Deutschland“, sagte sie und deutete auf die Karte. „Danke, aber das war mir schon vorher klar.“ „Ich finde es nur irgendwie absurd, dass du schon an so vielen Orten warst, nur nicht an dem, der so nahe liegt. Ich war bisher nur in Österreich, Frankreich, England, Spanien und Italien. Das war's. Ich bin noch nie geflogen, war auch fast noch nie am Meer. Meine Eltern lieben das Wandern und vor allem das Klettern.“ „Wenn deine Eltern oft klettern, warst du bestimmt schon auf vielen Bergen?“, fragte er interessiert. „Ja und nein, ich muss zugeben, dass ich nur selten mitgeklettert bin, ich weiß gar nicht, ob es die Angst vorm Unbekannten oder purer Trotz war – wahrscheinlich eine Mischung aus beidem. Jedenfalls bin ich mit dreizehn Jahren zum letzten Mal mit Ausrüstung und allem auf einen Berg geklettert. In den Pyrenäen. War eigentlich nichts für Anfänger, aber ich bin trotzdem mit, um meinen Eltern zu beweisen, dass ich es kann. Irgendwas hat mit der Sicherung nicht gestimmt.

Meine Mutter ist abgestürzt. Es war nicht sehr schlimm, sie war eine Weile in Behandlung und dann wieder fit. Seitdem sind wir nie wieder auf einen Berg geklettert. So bescheuert das jetzt klingt, das war der sicherste Teil meines Lebens und plötzlich war er das nicht mehr." Und das Einzige, was Lucia damals gedacht hatte, war: Es hat solchen Spaß gemacht, warum musstest du mir das kaputt machen? Sie schluckte kurz und schaute auf, direkt in die bunten Augen „Ich brauchte mal eine Abwechslung." Er schaute sie an und schenkte ihr ein angedeutetes Lächeln.

Als sie nach dem Essen nach ihrem Portemonnaie suchte, fand sie in einer kleinen Seitentasche ihres Rucksackes ein noch kleineres Buch. Antoine de Saint-Exupéry: „Der kleine Prinz." Es war lange her gewesen, zu lange. Mica schaute fragend auf das kleine Buch. „Der kleine Prinz", sagte sie, während sie der ungeduldig wartenden Kellnerin das Geld reichte, „es gab Zeiten, in denen mir dieses Buch alles bedeutet hat. Es war meine Rose, meine Sonnenuntergänge auf einem winzigen einsamen Planeten. Ich fürchte, ich habe es wohl irgendwie aus den Augen verloren." Den Rest des Tages verbrachte sie damit, die Geschichte eines verzweifelten kleinen Prinzen und seiner Sehnsucht nach einer Rose, die es nur einmal auf einem einzigen Planeten, seinem Planeten, gab, zu lesen.

Sie brachen früh am nächsten Morgen auf. Die Sonne schien und zauberte ein winzig kleines Lächeln auf Lucias Gesicht. Sie war bereit, neue Planeten zu betreten, neue Sterne zu entdecken.
Es dauerte nicht lange, bis sie den flachen Gletscher erreichten,

an dem sie angeseilt hinaufklettern würden. Als Lucia ihre Kletterseile aus ihrem Rucksack kramte, spürte sie ihr Herz laut schlagen. Es war so lange her gewesen, dass sie zum letzten Mal ein solches Seil in der Hand gehabt hatte. Es hatte sich angefühlt wie das Natürlichste, Selbstverständlichste und zugleich Forderndste der Welt. Als sie sich jetzt zum ersten Mal wieder anseilte, fühlte es sich an wie die Heimkehr von einer langen Reise. Einer Reise, in der man die meiste Zeit mit Suchen verbracht hatte. Eine Heimkehr zu einem vergessenen Gefühl, einem kleinen Planeten, der jahrelang auf sie gewartet hatte.

Sie sah alles vor sich, den nächsten Felsvorsprung, die nächste Erhebung, den Himmel, ohne auch nur eine Spur von Angst zu empfinden. Sie machten einen weiten Rechtsbogen, bis sie an dem mit Drahtseilen abgesicherten Weg zur Adlersruhe ankamen. Ein falscher Schritt, einmal nicht festgehalten und auf dem nassen und glitschigen Schnee ausgerutscht, in 3500 Metern Höhe, auf der sie inzwischen angekommen waren, und sie würde stürzen.

Sie hatte das Gefühl, zum ersten Mal seit langem etwas für sich persönlich zu tun, das sie weiterbrachte, anstatt sie zurückzuwerfen. Für mich ist die Welt ein fremder Ort, schoss es ihr durch den Kopf, sie ist ein Planet, den ich nie begriffen habe, nie begreifen konnte. Um diesen Planeten zu begreifen, diesen Planeten zu ihrem zu machen, musste sie erst ihren kleinen, einsamen, unglaublich fremden eigenen Planeten, erforschen. Sie sah jetzt einen Gipfel, den sie unbedingt erreichen wollte. Sie hielt sich an dem Drahtseil fest, trat genau dorthin, wo sie Halt fand, und kam tatsächlich oben an. Es war zugig und kalt, doch die Sonne schien strahlend auf sie herab. Der Gipfel bot eine atemberaubende Sicht über die Berglandschaft. Sie setzte sich neben Mica unter das morsche Gipfelkreuz. Erschöpft beobachtete sie ihn, wie er seine Weltkarte aus dem Rucksack kramte. „Hast du vielleicht mal eine Zwei-Cent-Münze für mich?“, fragte er sie. Aus ihrer Jackentasche förderte sie tatsächlich ein rotes Geldstück zu Tage. „Wären fünf Cent alternativ auch okay?“, fragte sie. „Klar“, sagte er lächelnd und nahm das Geld entgegen. Sie deutete auf Südamerika und sagte: „Wie sieht's aus, klingt Südamerika nach einem guten Ziel? Ich war noch nie dort und es steht nicht allzu schlecht um meine Spanischkünste.“

Laura Groote

Inspired by Kafkas „Kleine Fabel"

Ein Mensch kommt auf die Welt,
ohne zu wissen,
was man für ihn bereithält,
es gibt kein Landekissen.

Er ist jung und etwas verloren,
weiß nicht, wohin,
fragt sich: „Wofür wurde ich geboren,
wo ist der Sinn?"

Sein Leben ist ein unorganisierter Haufen,
er durchlebt unentschlossene Zeiten,
und aus lauter Angst, sich zu verlaufen,
lässt er sich von anderen leiten.

Zunächst erleichtert über die Wegweiser,
folgt er ihnen blind,
seine innere Stimme wird immer leiser,
er ist doch noch ein Kind.

Eine Entscheidung führt zur nächsten,
er verliert sich in diesem Gitter,
sein eigener Wille von allen am schwächsten,
langsam wird sein Herz bitter.

Ihm wird nun bewusst,
es ist zu spät,
hätte er das alles früher gewusst,
wäre er nicht, wo er jetzt steht.

Es ist nicht, was er will,
nicht, was ihn erfüllt,
sein verblendeter Kopf still,
und seine Seele brüllt.

Er will einen neuen Kurs einschlagen,
doch was er nicht weiß,
er wird kläglich versagen,
das Leben fordert seinen Preis.

Ein letzter verzweifelter Versuch,
dieser endet in Leere,
er wäre verschont geblieben vom Fluch,
wenn er nur sich selbst treu geblieben wäre.

Aaron Iyob
Katzengedicht

murren
schnurren

Vanessa Fröhlich
Kondomgedicht

Leben
im Ballon

Fatima Haji

Alle

Katharina Stoll

Am Wochenende

AM WOCHENENDE hab ich einen
neuen Weltrekord für den langsten Flug aufgestellt .
ich Bin von 

Nach Frankfurt
mit einer arabischen Fluggesellschaft geflogen,
nicht mit Lufthansa
Zum Glück gibt es
Toiletten und ganz
viele Filme im Flugzeug.

Alexandra Wyschka

Fifty Shades of Manfred

Marjane Choua

Frage und Antwort

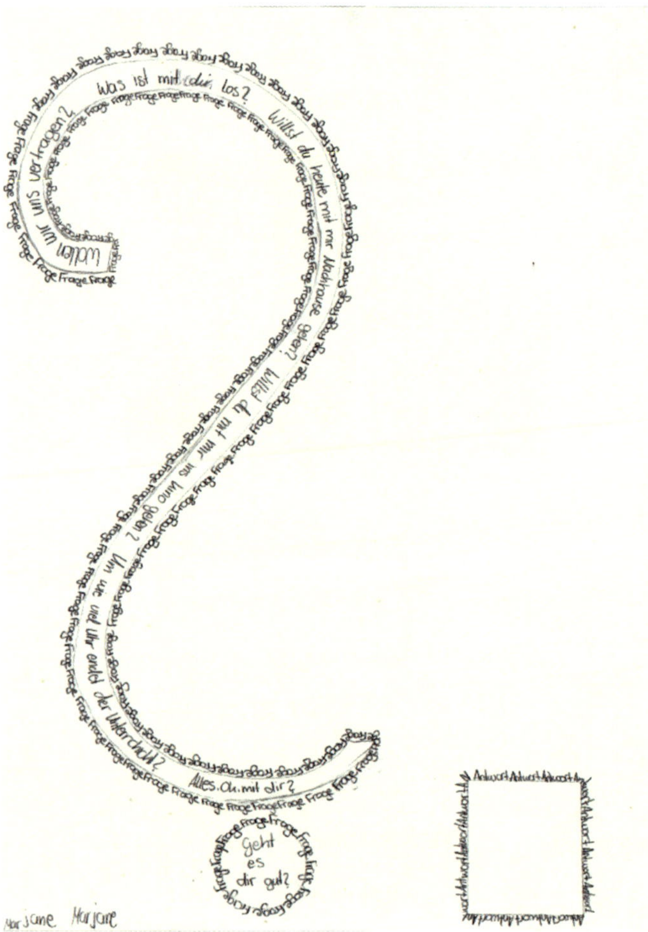

Helena Sturm

Fragen der Liebe

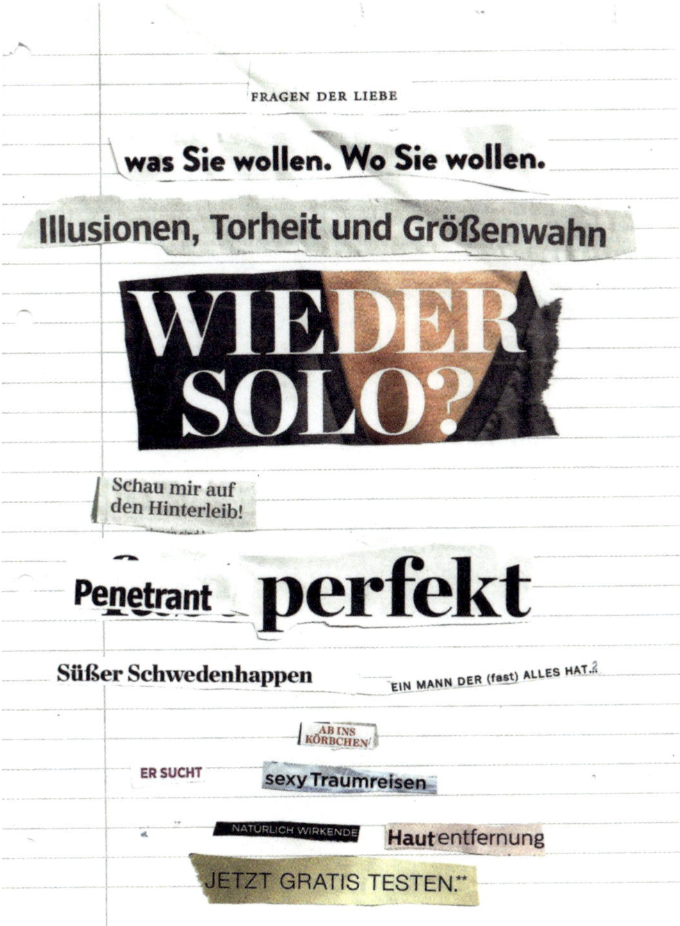

Nicolai Koch

Freifunk

Vivien Ruby

Freiheit sucht Weg

Liv Lukat

Fünf, sechs, Alte Hex

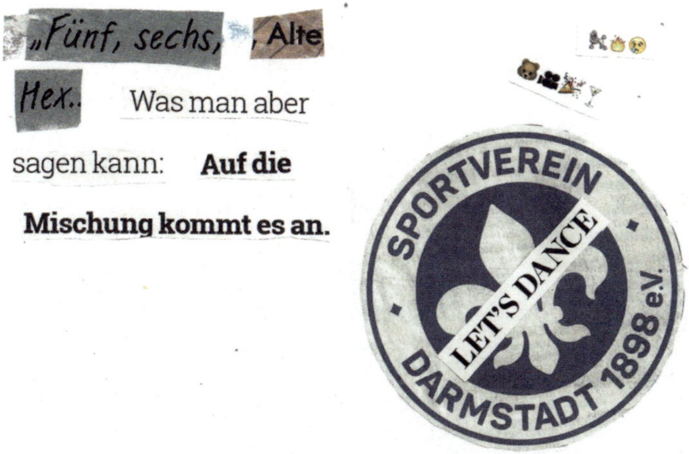

Khuslen Enkhbold

Heimat

Sarah Rahman

Hej Je Suis Amazing

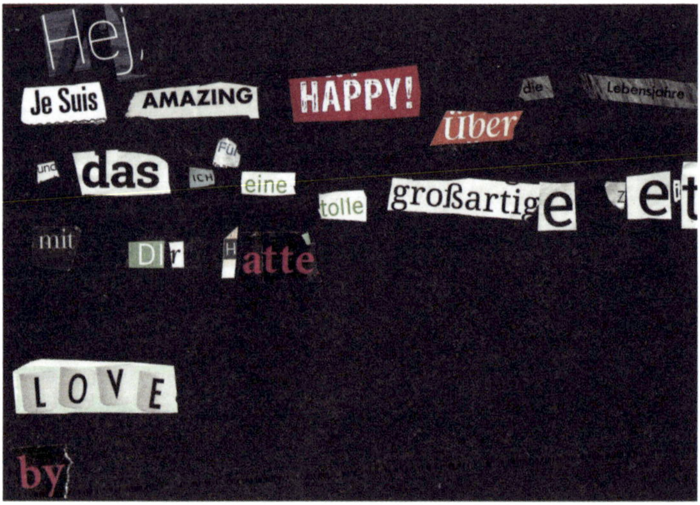

Nicolai Koch

Hoffnung

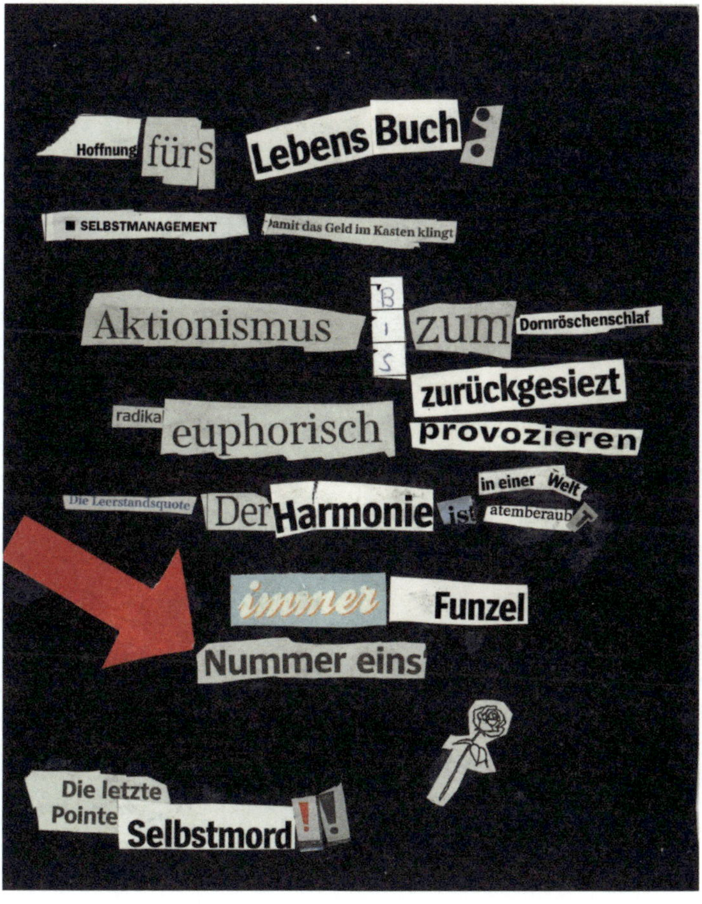

Malou D. Meyer

Katze

Christine Ulanowsky

Kratz

Malou D. Meyer

Leben Sie sich frei

Enno Wang

Mann und Mann

Nandin Enkhbold

Meinung ist

Sophia Böcker

Sport im Schlaraffenland

Pauline Secker

Surrealist bleiben

Beatrice Bräuer

Wenn der Glasmurmeln Freiheit

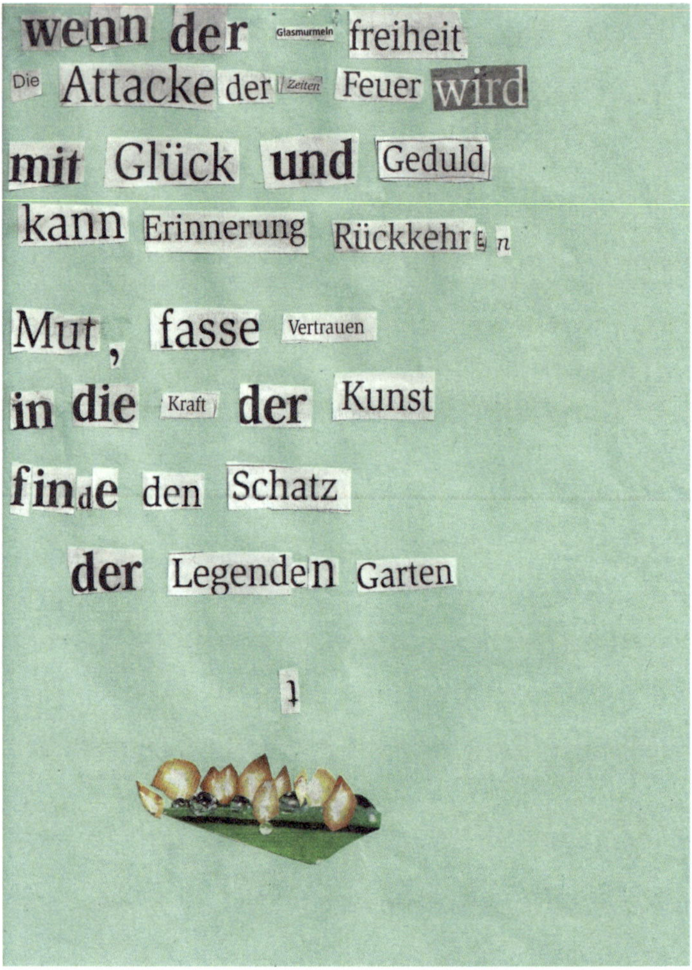

Saskia Kasten

Krieg, stell dir vor, er wäre hier

Zweihundert Meter bin ich nun von der Unfallstelle entfernt, ungefähr zwei Minuten ist es jetzt her. Ich handle immer noch instinktiv, ich weiß nicht einmal genau, wohin ich will, nur schnell weg. Weg von hier. So schnell, wie ich gerade bin, wusste ich nicht, dass ich sein kann.

Ein Knall.

Ich zucke zusammen, aber ich drehe mich nicht um, ich habe mich die ganze Zeit noch nicht einmal umgedreht, wahrscheinlich weil ich weiß, was ich sehen würde, wahrscheinlich weil ich es nicht sehen will.

Ich hatte schon zu viel gesehen. Irgendwie verstand ich nicht, was hier gerade passiert war, oder ich wollte es nur nicht verstehen. Seit drei Minuten dachte ich nun schon nicht darüber nach, was ich tat. Doch plötzlich konnte ich nicht mehr weiter, bisher war ich einfach dem Weg gefolgt, doch jetzt war dort eine Treppe, eigentlich hätte mir klar sein müssen, dass da eine Treppe ist, immerhin kannte ich diesen Weg. Ich stand eine ganze Weile vor dieser Treppe und dachte an nichts. Dann drehte ich mich langsam um, sah aber nirgends wirklich hin, ich nahm eine Abzweigung, wusste aber immer noch nicht, was oder wohin ich genau wollte. Nur weg. Weit weg. Ich hörte einen Schrei, ich erschrak … das erste Mal seit drei Minuten erschrak ich. Ich war wieder imstande zu reagieren, zu realisieren. Ich hatte in den letzten Minuten nichts gefühlt, ich wollte mir nicht erlauben zu fühlen. Kein einziges Gefühl hatte ich wahrgenommen.

Nicht Angst, nicht Trauer.

Bis jetzt …

Ich drehte mich um. Als ich mich umgedreht hatte, erschrak ich noch mehr, denn ich konnte nur vermuten, was ich sehen würde, doch das, was ich sah, übertraf meine schlimmsten Gedanken darüber, was ich sehen könnte …

Blut … Ein See aus Blut, überall lagen Leichen herum, ich wollte schreien, doch brachte ich nicht mal ein Flüstern hervor …

Blut überall …

Erst jetzt dachte ich darüber nach, was gerade passiert war. Auch wenn ich das nicht wollte, ich tat es. Bis vor fünf Minuten saß ich in meiner Klasse und für mich war alles noch in Ordnung.

Ein lauter Knall, und alle sprangen auf. Ohne es zu sicher zu wissen, wussten alle, was geschehen war. Man hatte davon gehört, in Berlin, in München, aber keiner hatte damit gerechnet, dass sie hier Bomben werfen würden. Panik, Angst konnte man förmlich greifen. Einen klaren Gedanken zu fassen, war sicher nicht möglich in dieser Situation. Ich blendete meine Umgebung aus. Meine Mitschüler, das Geschrei, nichts davon nahm ich mehr vollständig wahr. Der einzige Gedanke, den ich gerade für sinnvoll halte, ist simpel. Weg hier. Und so bin ich jetzt hier. Nun stehe ich hier und bewege mich nicht. Jetzt, wo ich realisiere, was gerade passiert ist, breche ich innerlich zusammen. Mit meinen Gefühlen bin ich restlos überfordert. Mich überkommt die angestaute Angst und Trauer der letzten fünf Minuten. Doch für einen emotionalen Zusammenbruch bleibt mir eigentlich keine Zeit.

Ein weiterer Schrei unmittelbar in meiner Nähe reißt mich aus meinen Gedanken. Moment, diese Stimme, ich kenne diese

Stimme, diese Stimme ist so vertraut, ich weiß nicht, wie, aber der Klang dieser Stimme schafft es, dass ich mich binnen Sekunden wieder ein wenig in Sicherheit wiege.

Ich drehe mich erneut, aber diesmal in Richtung der Stimme, als ich meine Mutter sehe, kann ich die Gefühle der letzten fünf Minuten nicht mehr zurückhalten. Ich falle meiner Mutter in die Arme. Es kommt mir vor, als wären es Stunden, die ich in ihren Armen liege, sicher, geborgen. Doch ein weiterer Knall beendet unsere Umarmung. Wir wissen sofort, dass wir es nicht weiter riskieren können, stehen zu bleiben, wer weiß, wie das weitergehen würde. Aber eins ist sicher, wir können nicht anhalten, wir müssen weg, weit weg, so weit es eben geht.

Das Gefühl von Schutz und Sicherheit, das ich eben für wenige Sekunden verspürt hatte, ist vollständig erloschen. Es sind nur noch wenige Meter bis zu unserem Haus. Meine Mutter öffnet die Tür, wir greifen nur das Nötigste und beschließen, vorerst einmal bei Verwandten in der Nähe, aber nicht zu weit weg, unterzukommen. Mit einer kleinen Tasche verlassen wir das Haus. Wir bewegen uns so schnell von hier weg, wie wir nur können. Die Maximalgeschwindigkeit ist uns letztlich egal. Natürlich lässt es mich nicht unberührt, dass wir nun so plötzlich wegmüssen von zuhause. Doch befinde ich mich wohl noch in so einer Art Schockzustand und weigere mich, über die Vergangenheit nachzudenken. Jetzt im Moment interessiert mich allein die Zukunft. Doch als ich einen Blick aus dem Fenster wage, war es das. Die Vergangenheit ist aktueller als jemals zuvor, als ich unser so vertrautes Ortsschild erblicke. Ich spüre die Hand meiner Mutter auf meinem Bein auf und ab streichen. Erst jetzt realisiere ich, dass ich wohl schon seit geraumer Zeit vor mich hin weine. Wir können das doch nicht alles so einfach hinter uns lassen. Hier bin ich groß geworden, hier habe ich gelebt, geliebt. Das ist meine Heimat, ein Teil meiner selbst, meiner Kindheit. Inzwischen habe ich furchtbar angefangen zu weinen. So sehr, dass meine Mutter sich ein wenig zu mir rüberbeugt, um mich zu trösten. „Es wird alles wieder gut", sagt sie und ich vertraue ihr, sie hat sicher recht. Kurz schließe ich meine Augen, und als ich sie wieder öffne, versuche ich noch zu schreien, sie zu warnen. Doch die Tränen in meiner Stimme lassen mich nicht mehr als flüstern. „Pass auf!", nur ist es schon zu spät. Mich ergreift ein unbeschreiblicher Schmerz, ausgelöst durch den Aufprall des anderen Autos. Ich sehe meine Mutter an, ihre Lippen formen lautlos ein: „Ich liebe dich." Ich greife ihre Hand, bevor sie die Augen schließt. Mit einem Mal ist der Schmerz vorbei. So muss es sich wohl anfühlen, in den Anfängen eines Krieges zu sterben, und alle dachten immer, hier geschieht so etwas nicht.

Lisa Müller

Kurze Momente aus dem Leben bester Freunde

6 Jahre

Ich wollte hier nicht sein. Überall waren fremde Kinder und jedem wurde ein Platz zugewiesen. Hilflos blickte ich mich um. Ich hatte mir meinen ersten Schultag schlimmer vorgestellt, mit mehr Geweine und weniger Du sitzt da, nicht dort.

Da ich offensichtlich am richtigen Platz saß und vor der kommandierenden Lehrerin sicher war, schaute ich mich um. Direkt neben mir saß ein Junge mit blondem Haar. Ich beobachtete ihn aufmerksam. Sein Blick war auf ein Mädchen gerichtet und ich stellte zufrieden fest, dass er genauso wenig hier sein wollte wie ich.

„Was denkst du, wie lange dauert es, bis sie das Mädchen vom Stuhl zieht?“ Obwohl er mich nicht ansah, wusste ich, dass er mich meinte. Verwundert betrachtete ich die Szene. Die Lehrerin redete energisch auf ein Mädchen ein, das nicht den Platz räumen wollte. Amüsiert sah ich das Mädchen an und bewunderte sie für ihre Sturheit. Bei dem Gesichtsausdruck der Frau wäre ich schon längst verschwunden.

„Hm. Ich weiß nicht. Höchstens zwei Minuten.“ Der Junge schaute mich jetzt auch mit einem interessanten Funkeln in den Augen an. Vielleicht wurde die Schule doch nicht so langweilig.

11 Jahre

Wir schauten uns an. Angst und Schrecken standen uns ins Gesicht geschrieben. Hätten wir gewusst, was passieren würde, wir hätten es trotzdem gemacht. Langsam beruhigten wir uns wieder. In dieser kleinen Nische war nicht viel Platz, daher konnte ich den kleinen Kratzer genau erkennen, den der Zweig beim Verstecken hinterlassen hatte. Obwohl die Büsche um uns herum dicht und grün waren, war ich mir sicher, dass der Nachbar uns sah. Zumindest wusste er, wo wir uns aufhielten, denn unser Lachen war nicht besonders zurückhaltend.

Hier versteckten wir uns immer. Allerdings war es auch das perfekte Versteck! Neben einem kleinen Weg lag ein großes Haus mit einem großen Garten. Und um eben diesen Garten lag eine hohe, verwachsene Hecke. Auf den ersten Blick wirkte sie gepflegt und durchgehend. Wenn man jedoch genauer hinschaute, fiel einem ein kleiner Spalt auf, in dem zwei Kinder Platz fanden. Keiner unserer Freunde fand uns. Doch wenn man uns fand, dann immer nur zu zweit.

„Denkst du, wir bekommen Ärger?“ Er sagte das ohne jegliches Schuldgefühl. Nur reine Neugier konnte ich in seinem Blick lesen.

„Angst?“ Wir wussten beide, dass er uns nicht wirklich ausschimpfen würde. Es machte uns Spaß, ihn ein bisschen zu ärgern. So machten wir es bei allen.

„Ich? Nicht vor dem. Nur, dass du gleich wieder petzt.“ Jetzt musste er sich nicht mehr vor unserem Nachbarn verstecken. Während er schon aus der kleinen Lücke in der Hecke geflohen war, sprintete ich ihm hinterher. Das Versteckspiel mit unseren Freunden und der Nachbar, in dessen Hecke wir hockten, waren vergessen.

18 Jahre

Es war kalt. Nicht die Kälte, bei der man sich überlegte, ob der dicke, selbst gemachte Pulli von Oma noch unter die Jacke passte. Sondern die Art von Kälte, bei der man sich mindestens dreimal so viele an den Körper wünschte. Doch das hielt uns nicht ab. Er klopfte schon ans Fenster, als es noch finster war.

„Bist du fertig?“ Während er das sagte, schaute er mich mit hochgezogener Augenbraue an. Das war typisch. Immer sarkastisch, immer gut gelaunt. Selbst an einem Samstag um fünf Uhr morgens. Ohne ein Wort drehte ich mich zum Kleiderschrank und zog mich um.

„Wohin gehen wir?“ Diese Frage hatte ich die letzten zwei Tage immer wieder gestellt. Und ich bekam immer die gleiche Antwort.

„Neugier steht dir nicht“, sagte er mit einem fiesen Lächeln im Gesicht. Es war von Anfang an klar gewesen, dass es sich hierbei um genau das handelte: etwas Fieses. Doch ich war noch nicht ganz dahintergekommen, ob sich dieses Fiese gegen mich richten würde. Schweigend liefen wir durch die dunklen Straßen. Es war ein angenehmes Schweigen. Eines, das zeigte, dass wir uns in der Gegenwart des anderen wohlfühlten. Aber je näher wir dieser einen bestimmten Straße kamen, desto unruhiger wurde ich. Dann sah ich sein Auto dort stehen. Er musste es vorher hergefahren haben. Augenblicklich machte ich auf dem Absatz meiner fellgefütterten Stiefel kehrt. Und obwohl ich hoffte, dem zu entkommen, kam ich nicht weit, weil er mich zurückzog.

„Du denkst doch nicht wirklich, dass ich dich hergebracht habe, um dir das anzutun!“ Natürlich wusste ich das, aber kurzzeitig hatte ich einfach nicht nachgedacht. Hier wohnte der Alptraum. Der Alptraum, der unsere Freundschaft verraten hatte.

Ich dachte, das sei niemandem aufgefallen. Da hatte ich mich wohl geirrt.

„Sorry", murmelte ich in meinen Schal, während er etwas aus seinem Auto holte. Ich konnte bei dem schlechten Licht nicht erkennen, was es war, doch als er es öffnete und mir etwas in die Hand drückte, sah ich ihn ungläubig an.

„Danke." Ich wusste, dass er alles für mich tun würde, dennoch hatte ich damit nicht gerechnet.

„Dann lass uns das Haus dieser …" Er brach mitten im Satz ab.

„… dieser oberflächlichen, hässlichen Verräterin?", schlug ich unschuldig vor. Grinsend zwinkerte er mir zu.

„Genau, lass uns das Haus dieser oberflächlichen, hässlichen Verräterin vollsauen."

26 Jahre

„Nein. Ich mach das nicht!" Egal wie oft ich das sagte, er hörte mir nicht richtig zu. Doch ich hörte ihm da auch nie wirklich zu. War wohl ein nerviger und gleichzeitig nützlicher Nebeneffekt bei sturen Freunden.

„Stell dich nicht so an. Bitte, es ist schließlich mein Geburtstag." Er schaute mich mit seinen Welpenaugen an. Wieso wurde ich bei diesem Blick nur immer schwach? Während mein Blick durch den Raum schweifte, erblickte ich das Thema unseres Gesprächs. Er saß mir zugewandt und lachte über etwas, was die Mutter des Verräters neben mir sagte. Es ging nicht darum, dass ich ihn nicht mochte. Er war ganz okay, dachte ich. Es ging darum, dass mein bester Freund mich hinterhältig in ein Kennenlernen gelockt hatte. Wirklich ein ziemlich guter Spielzug von ihm, denn die letzten Male kam ich immer irgendwie davon. Als ich nach einigen Sekunden immer noch zum Tisch schaute, drängte er sich in mein Blickfeld und sah mich besorgt an.

„Ich mach mir halt Sorgen um dich. Ich bin verlobt, heirate bald und du –"

„Ja, ja, ich weiß, und ich bin immer noch allein. Es geht mir gut." Je länger diese Gespräche dauerten, desto mehr wurde ich sauer. Aber jetzt sah ich genau, wie er sich unsere Zukunft vorstellte: Er mit seiner Frau, seinen statistisch gesehen 2,5 Kindern, dem Golden Retriever und dem schicken Häuschen in dem Stadtteil mit den besten Schulen. Und dann ich. Vertieft in meine Arbeit, kam ich nach Hause in meine Zweizimmerwohnung direkt an der Haltestelle, damit ich nicht so weit laufen musste. Ich öffnete also meine Tür und rief hoffnungsvoll nach meiner imaginären Katze.

Plötzlich verstand ich ihn, zumindest ein kleines bisschen. Ehrlich gesagt, war es nicht so toll, daran zu denken, dass einen selbst die nicht vorhandene Katze nicht beachtete.

„Also schön. Aber nur dieses eine Mal. Sei froh, dass heute dein Geburtstag ist."

Ich küsste ihn auf die Wange und schlenderte zurück zum Tisch, um mich meinem Schicksal zu ergeben, während ich ihn hinter mir lachen hörte.

Anna Pauline Gutzeit
Maylas Morgen

Morgen

Morgen. Jeder Tag beginnt mit einem neuen Morgen. Und immer ist es irgendwo Morgen.

Die Sonne geht auf, die Vögel erwachen zum Leben und in den Städten erwachen die Menschen. Auch in der Zukunft wird es einen Morgen geben. Einen Morgen im Morgen. Doch wann fängt dieses Morgen an? Nächste Woche, nächstes Jahr, in wenigen Stunden?

Gibt es ein bestimmtes Ereignis, das dieses Morgen markiert?

Jeder stellt sich irgendwann die Frage, ob er dieses Morgen noch erlebt.

Maylas Morgen:

Für mich steht mein „Morgen“ fest. Es ist vor zwei Jahren eingetreten. Vorher kannte ich nur ein Leben im Krieg. Seit ich denken konnte, gab es nichts anderes. Mitten in der Nacht aufstehen und sich im Keller verstecken, einstürzende Gebäude, Schreie von sterbenden Menschen, lauter Kampfeslärm, das Klagen von Angehörigen und bei jeder Nachricht diese Angst, die Angst, dass es für jemanden aus meiner Familie zu spät war.

Meine Mutter und ich wohnten in den Trümmern unseres Hauses. Ich war nachts plötzlich von einem lauten Knall geweckt worden und meine Mutter und ich überlebten nur, weil wir unsere Wohnung eine Woche zuvor in den Keller verlegt hatten. Wie viele unserer Nachbarn umgekommen waren, wusste ich nicht. Ich wollte es auch gar nicht wissen. Wer die Bomben geworfen hatte, wusste ich auch nicht, ich hatte den Überblick verloren, wer hier überhaupt gegen wen kämpfte.

Jeder Morgen startete für mich gleich. Ich lief zu unserem Briefkasten, den wir notdürftig aus Brettern gezimmert hatten, und jedes Mal erwartete ich den Brief, der mich und meine Mutter über den Tod meines Vaters informieren würde.

Dieser Briefkasten wurde für mich zu einem wichtigen Bestandteil meines Lebens und jeden Morgen zu einer neuen Probe.

Schließlich erfuhren wir nicht durch einen Brief, sondern durch unsere Nachbarn von seinem Tod. Für mich war es, als würde eine Welt einbrechen. Mein Vater, den ich über alles geliebt hatte, sollte einfach weg sein? Nicht mehr wiederkommen?

Doch Zeit zum Trauern fanden wir nicht, da meine Mutter sich zwei Wochen vorher dazu entschlossen hatte, einen Schlepper für uns zu bezahlen. Unsere ganzen Haushaltsgegenstände gingen als Bezahlungsmittel an den Mann, der uns den Platz auf dem Schiff verschaffte.

Den Mann selbst traf ich erst, als unser Schiff in See stach. Er war groß. Seine Augen saßen klein und glänzend in seinem fetten Gesicht. Sein Bauch quoll unter dem schmutzigen weißen T-Shirt hervor und beim Lächeln zeigten sich gelbe Zähne hinter den schmalen Lippen. Er war unrasiert und stank nach Rauch. Normalerweise hätte ich ihm niemals vertraut, aber unter diesen Umständen war er unsere einzige Hoffnung.

Grinsend nahm er meiner Mutter den Schlüssel zu unserer Wohnung ab, die bis jetzt unser einzige Schutz gewesen war, und führte uns den Steg entlang zu dem morschen Boot. (…)

Nicolai Koch

Mein Gott wohnt hier nicht

Die Enge der Bücher
Der Druck des Staubs
Die dunklen Katakomben
Sind sein Gefängnis. Gekettet ans Kreuz.

Ich nenne ihn Pan, denn man kann ihn überall finden.
Ich nenne ihn Pan, denn ich brauche einen Namen.

Das Leuchten der Blumen
Der Duft des Frühlings
Die offenen Asphaltwüsten
Sind die Tempel, die von seiner Größe künden.

Annika Knoblauch und Therese Schlosser

Mord in der Kirche

Ein ganz normaler Tag? Ich sitze in meinem kleinen Pfarrraum in der Kirche und schreibe an meiner Predigt für den kommenden Gottesdienst. Ich bin nicht richtig bei der Sache, obwohl es schon so lange her ist. Eigentlich geht es mir gut, aber Fragen schwirren mir, seitdem es geschehen ist, in meinem Kopf herum. Sie fehlt mir. In dem Haus, in dem ich jetzt allein lebe, herrscht keine Fröhlichkeit mehr – sie ist verflogen wie ihre Existenz. Ich gehe in die Kirche und schaue mich um. Keiner da. Ich bin allein und trotzdem fange ich an zu reden. Aber es ist immer noch keiner zu sehen und ich beschließe, mich wieder an meine Predigt zu begeben. Als ich mich gerade umdrehen will, werde ich von der großen Tür aus meinen Gedanken und meiner Bewegung gerissen. Ein Mann betritt die Kirche und läuft im Mittelgang auf mich zu. Ich kenne ihn, flüchtig vom Sehen, aber er war niemals in meinen Gottesdiensten gewesen. Trotzdem lächle ich ihn an. Er kommt immer näher auf mich zu und erwidert mein Lächeln, doch ich bin mir nicht sicher, ob es ehrlich ist. Er scheint etwas auf dem Herzen zu haben. Als er bei mir vorne in der Nähe des Altars ankommt, verharren wir eine kurze Weile voreinander und schauen uns wortlos in die Augen, ohne eine Miene zu verziehen. Dann findet er als Erster seine Worte wieder: „Hallo, Cathrine.“ Und ich wundere mich, woher er meinen Namen kennt. Er macht einen seltsamen Eindruck auf mich. Trotz seiner freundlichen, braunen Augen wirkt er unsympathisch und ich bekomme nur ein „Hallo“ über meine Lippen. Ich warte darauf, dass er weiterspricht, aber er zögert, sodass ich ihn frage, was ich für ihn tun könne. Er schaut mir durchgängig tief in die Augen, als würde er in meine Seele schauen. Ich bekomme ein wenig Angst – er ist einschüchternd. Völlig aus meinen Gedanken und meiner Anspannung gerissen, fährt er fort: „Ich habe gesündigt. Ich möchte es Gott beichten." Ich muss mich kurz sammeln und meine Gedanken sortieren. Ich nicke und gehe, ohne ein Wort zu sagen, Richtung rechter Kirchenflügel, in dem der Beichtstuhl steht. Ich weise ihn durch ein unmissverständliches Handzeichen in die linke Kammer, warte und schließe hinter ihm die Tür. Dann betrete ich meine Kammer und nehme Platz. Bevor ich das Sichtfeld zu ihm öffne, atme ich einige Male tief durch und bereite mich vor. Irgendetwas sagt mir, seine Beichte sei schlimm. Sehr schlimm. Schlimmer als das, was ich bisher gebeichtet bekommen habe. Ich fürchte mich, atme nochmals tief durch und öffne die Klappe, sodass ich ihn durch die vielen kleinen Löcher dort sitzen sehen kann.

Er sieht sichtlich nervös aus, atmet ebenfalls noch einmal und fängt an zu reden: „Ich habe gesündigt. Ich wusste, dass das Mädchen es nicht wollte. Doch ihre sanfte Haut und ihre hellblauen, leuchtenden Augen, so voller Unschuld, verführten mich. Ich habe ihr wehgetan und ..." „Gott vergibt dir." Ich konnte nicht hören, was er danach sagte. Um diese Worte auszusprechen, brauchte ich allerdings die ganze Unterstützung meines Herrn. Die Stimme neben mir hörte aber nicht auf zu reden und er führte seine Sünde weiter vor mir aus: „Ihre Schreie waren für mich stumm." Ich will es nicht hören, mir vorstellen, was er dem Kind angetan hatte, wie es ihm erging, in dessen Leben er sich unwiderruflich gedrängt hatte. Ein Monster wie er sollte keine Vergebung bekommen, weder von Gott noch von jemand anderem. „Dann, als ich aufhörte, fielen mir ihre Tränen auf, die ihre rosigen Wangen herunterliefen. Sie weinte. Wegen mir.“ Mir wird schlecht. Es kostet mich wirklich alles, um nicht die Kammer nach draußen zu verlassen und die Welt von ihm zu befreien. Gottes Hände halten mich zurück. Er wird vor ihm seine gerechte Strafe bekommen, dachte ich bei mir. „Als ich sie so sah, fiel mir auf, was ich getan hatte. Dieses zerbrechliche Wesen, dem ich so sehr wehgetan habe. Alles, was ich tun konnte, war, den Krankenwagen zu rufen, dann floh ich und ging nach Hause. Ich habe sie da allein, weinend und verstört liegen lassen“, schluchzt er. Meine Tränen tränken den Stoff meines Talars, meine Nägel haben sich tief in das Holz meines Stuhls, auf dem ich sitze, gebohrt. Das Leben des Mädchens ist zerstört, vorbei für immer, und ganz allein du bist schuld! Schuld daran, dass sie nie wieder glücklich sein kann, schuld daran, dass sie kein Kind mehr sein kann. Wenn sie es nicht mehr erträgt, immer wieder daran erinnert wird, an deinen Geruch und dein Gesicht vor ihrem, wird sie sich von der Last befreien und sich das Leben nehmen! Ich muss es wissen. Mein Kind, meine Tochter, hat sich auch selbst erlöst. Sie war stark und konnte trotzdem nicht damit leben. An so etwas bist ganz allein du schuld! Du zerstörst Leben! Du verdienst keine Vergebung! Von niemandem! – würde ich am liebsten schreien. Aber ich muss mich zusammenreißen in meinem Amt Gottes.

Alena Endlicher

Morgen

Ist es nicht faszinierend, wie sie immer dasselbe tun, eine Endlosschleife aus Aufwachen und Schlafen, jedes Mal aufs Neue, wenn Sonne und Sterne abwechselnd über ihren Köpfen auf sie herabblicken?

Sie scheinen wie ferngesteuert, können nichts dagegen tun, sich nicht wehren, können nur diesem Drang folgen, diesem Trieb, der sie dazu auffordert, nach einer kleinen Weile, einem Bruchteil meiner Existenz, ihre Taten zu beenden und kurz darauf wieder aufzunehmen. Manchmal frage ich mich, ob sie es wissen – nicht, dass sie einen größtenteils festgelegten Ablauf in ihrer kurzen Lebensspanne haben, sondern dass sie es niemals werden ändern können.

Ich sehe sie, alle diese kleinen Wesen, die in ihrer kleinen Welt davon träumen, Großes zu vollbringen, größer als je einer vor ihnen, und wie sie bei dem Versuch, ihr Leben und ihren Lebensraum zu erforschen, beides zerstören, getrieben vom Wahnsinn des Wissensdurstes.

Manchmal, in letzter Zeit jedoch eher selten, weil es mich traurig macht, schaue ich mir eines der Leben von Anfang bis zum Ende genau an und beobachte Taten, Schritte, Emotionen, um mehr über sie zu erfahren. Ich weiß schon lange, sie sind nicht dumm.

In dieser kurzen Zeit, die ein Einzelner in dieser Welt verbringt, in diesem kleinen Leben, erschaffen, entdecken und lernen sie mehr, als ich es jemals könnte oder können werde. Das ist es aber nicht, was mich davon abschreckt, ein Individuum genauer unter die Lupe zu nehmen.

Grundsätzlich macht es mich stolz, in der Lage zu sein, solch intelligentes Dasein, wenn auch von Weitem, beobachten zu können.

Das, wovor ich Angst habe … Ach, ich weiß selbst nicht, was genau es ist, aber bei dem Gedanken daran, fühle ich mich irgendwie so allein.

Ich habe gesehen, wie er auf die Welt kam. Von so weit weg stach er mir ins Auge, wie er nach mir griff mit seinen kleinen, zarten Fingern, mich anlächelte, so voller Freude und Leben. Auch als er heranwuchs, hörte er nicht auf damit.

Ich wusste nie, wie er von seinen Freunden genannt wurde, ich verstand ihre Sprache nicht, aber das war auch gar nicht nötig.

Wenn es dunkel wurde, dort, wo er wohnte, und ich vorbeischaute, begrüßte er mich auch wie die Abende zuvor mit demselben Lächeln, wie er es auch bei seiner Geburt getan hatte, und erzählte mir von Dingen, die ich zwar wörtlich nicht verstand, aber die Emotionen, die er dabei ausstrahlte, drangen klar und deutlich zu mir durch.

Er klang meistens traurig.

Als er an jenem Abend seine Hand nach mir ausstreckte und flüsterte: „Ab morgen bin ich bei dir. Dann bist du nicht mehr so allein“ – mit so viel Entschlossenheit, Sehnsucht und Verzweiflung – da verstand ich, und nichts in diesem Universum hat mir meine eigene Hilflosigkeit je so deutlich gemacht.

Dann schlief er ein, in dem Glauben, mit mir in dieser weiten, bunten und doch gleichermaßen kahlen Umgebung außerhalb seines Lebensraumes zusammen sein zu können, indem er nicht mehr aufwachte.

Ich vermisse sein Lächeln.

Joel Maasho

Morgen

Wann ist das Ende von Heute
Mir wurde gesagt: Morgen
Ich frage die Leute
Sie sagen: Mach dir keine Sorgen

Morgen ist ein Tag
Morgen ist eine Zeit
Morgen ist nicht mehr weit
Morgen ist ein Tag

Morgen ist der nächste Schritt
Morgen ist der nächste Tritt
Alle machen sich Sorgen
Aber: Genießt heute und nicht Morgen!

Morgen ist ein Tag
Morgen ist eine Zeit
Morgen ist nicht mehr weit
Morgen ist ein Tag

Was passiert wohl morgen auf dieser Welt
Hast du ein wenig Geld?
Du bekommst es morgen zurück
Bist du verrückt!

Sophia Böcker

Müdigkeitsgedicht

Schlafmöglichkeit?
Schule!

Nina Dähne

Musik

Wir liefen einen Hügel hinauf und setzten uns auf eine Bank
Wir waren befreundete Fremde, noch kannten wir uns kaum
Wir saßen da, doch trauten uns nicht, die Stille zu brechen
Schwiegen anstatt einander Geschichten zu erzählen

Als Mutter Natur merkte, dass wir Angst hatten
Angst, unsere selbst erdachten Wahrheiten zu verschenken
Ließ sie uns teilhaben an ihren eigenen Liedern
Zauberte aus Schweigen wundervolle Melodien

Wir lauschten dem Wind, der die Blätter durchs Land trug
Hörten das Rauschen, als er die Gräser sanft streichelte
Wir wollten mit ihm fliegen, wie er ins Tal sauste
Wollten uns mit den Bäumen in seiner Umarmung wiegen

Wir hörten das fröhliche Plappern der Vögel
Das Zwitschern und Pfeifen, als sie ein Lied anstimmten
Wir nahmen das entfernte Bellen der Hunde wahr
Die ein Solo in einer der Arien erhielten

Weit entfernt klang auch der Menschenlärm
Eine Kreissäge kreischte auf einem Bauernhof
Eine Gruppe Wanderer ging schwatzend vorüber
Ein Traktor quälte sich langsam den Hügel hinauf

Es war ein Moment voller Melodien in der Stille
Von ihm ermutigt, stimmte ich ein Lied an
Das erzählte von den einzelnen Geräuschen um uns herum
Die zu einem Gesamtwerk, einer Oper verschmolzen

Nun lauschtest du meiner eigenen Stimme
Sahst mich an und erzeugtest einen Schauer
Der sich langsam meinen Rücken hinunter
Den langen, beschwerlichen Weg in mein Herz stahl
Wir haben gemeinsam geschwiegen
Wir haben einander Geschichten erzählt
Wir haben zusammen unser Lachen geübt
Und haben diesen traumhaften Ort zusammen verlassen

Wir sind nun keine Fremden mehr, keine fremden Freunde
Wir haben diesen einen Platz entdeckt
An dem wir unser Ich zeigen konnten
An dem wir uns lautlos unsere
Wahrheiten offenbarten

Chahrazad Bakhouch

Neugierde

Ich komme die knarrenden, hölzernen Treppen hinauf, meine rechte Hand das kalte Metall des Geländers umschließend. Überzogen von einer schwarzen Schicht lässt es erahnen, was Dekaden zuvor glänzend das Innenleben des Hauses zierte. Der abgesplitterte Lack gestattet Einblick in das, was einst Farbe war. Farbe verlor langsam an sich selbst. Hände umfassen gleitend das Metall. Hände gleiten, gleiten über das, was Halt verspricht, das Geländer. Ein paar Momente vergehen und mit jedem Schritt fängt es an zu vibrieren, das Haus. Und das Geländer – es hält nicht. Meine Sinne werden durchflutet. Dieser Laut – erzeugt von Schuhsohlen auf dem Holz. Knackende Walnüsse. Meine Nase nimmt einen unverkennbaren Geruch aus Trockenkeller und zu Staub zerfallener Kreide wahr. Der Blick erstarrt, ich bin für einen Augenblick weg, doch ich reiße mich los. Diese ganzen Erinnerungen. Jeder meiner Schritte verrät das Grummeln des Holzes unter mir und der Klang hallt im Hause wider, hallt in mir drin. Ein kalter Luftzug durchfährt mich, ich ziehe den Reißverschluss meiner Jacke weiter hoch bis übers Kinn. Das hier ist nicht weiter ungewöhnlich. Das Wetter ändert sich hier nie. Ich erreiche den dritten Stock. Ich weiß nicht, wie lange ich vor der Eingangstür stehe und die Risse im Glas mustere. Wahrscheinlich trieb mich die Vergewisserung der Menschenleere hier, vielleicht war es auch nur mein Leichtsinn. Klumpen aus Spachtelmasse verdecken den litfaßsäulenhohen Riss an der Wand. Spärlich. Lieblos. Zurückgelassen. Fast so, als würde man einem Verblutenden ein Pflaster geben. Das Blut, das aus diesen Wänden kam, ist schon lange zu Staub zerfallen. Zerfallen in Gleichförmigkeit. Diese Gleichförmigkeit, sie zieht mich in hohem Bogen mit sich. Fast schon kosmisch leitet sie mich in eine Parallelwelt. Eine, in der nichts mehr lebt. Idylle gibt es nicht, Licht gibt es nicht, Leben gibt es nicht. Es ist einfach nur still. Stille wird zu Klarheit und Klarheit wird zu Chaos. Ihre Klauen umfassen mich, krallen sich in mein Fleisch, bis meine Haut keinen Widerstand mehr leistet. Die Kerben in meiner Haut gingen so langsam zurück in den Jahren, doch die Risse an der Wand schlossen sich nie. Ich beschließe, mich dieser Schmach nie wieder auszusetzen. Beschämt über mich selbst und meine ins Leere führende Neugier, mache ich kehrt. Seither habe ich dieses Haus nie wieder betreten.

Nashilu Busch

Normal zu sein

Während er aus dem Fenster schaut und sein Blick sich in den grünen Wiesen verliert, sieht er eine kleine Amsel landen und auf dem Boden picken. Langsam lässt er seine Zunge über seinen Gaumen streichen. Er spürt sie, die Narbe, die ihn seit jeher begleitet, und langsam lässt er die Erinnerungen zurückkommen. Die Erinnerungen an eine Zeit, an ein Gefühl, an ein anderes Leben.

Sie würde ihn kriegen. Egal wo, egal wann. Er hatte es schon einmal versucht und war gescheitert. Das war doch der einzige Grund, warum er jetzt diesen Kiesweg entlangschritt. Warum die Beamten ihn eingefangen und vor das Tor gesetzt hatten und sofort wieder weggefahren waren. Nun musste er zurück. Zurück in die Hölle. Er hat das Gefühl, das Birkenlaub würde mit ihm zittern. Als würde alles um ihn herum warten. Als würde alles auf diesen unweigerlichen Moment hinlaufen. Es lag eine Spannung in der Luft, allerdings keine von den freudigen und kaum zu erwartenden Spannungen, die andere Kinder in seinem Alter beim Betreten einer Kirmes verspürten, wo überall der Geruch von Zuckerwatte in der Luft liegt. Nein, dies war eine andere Art von Spannung. Dies war ein Bangen, ein Bangen auf die gleichermaßen unausweichlich wie auch grausame Strafe, die ihm bevorstand.

Noch ein Blick zurück. Nur noch einer. Wer weiß, wann er dies alles wiedersehen kann. Wann er dies alles wieder spüren und riechen würde. Sein Blick glitt noch einmal über die grünen Rasenflächen, die sich zwischen die Häuserwände und die Straßen quetschten. Noch einmal schaute er in das Blau des Himmels, in die große Sonne und auf die winzig kleinen Wolken, die den Himmel säumten, sie waren frei, sie konnten einfach weg. Er wünschte, er könnte das auch. Einfach weg. Mit diesem einen Blick versuchte er, sich alles so gut wie möglich einzuprägen. Nur noch ein einziges Mal.

Dann betätigte er die Klingel des gutbürgerlichen, so freundlich aussehenden, weiß gestrichenen Hauses. Für einen Moment hatte er wirklich das Gefühl, die Zeit würde stillstehen, als hätte das Laub aufgehört zu rascheln, als hätte das entfernte Hupen der Autos auf der Hauptstraße aufgehört. Doch dann, gerade als sein Herz wieder schlug, sein Gehirn wieder funktionierte und arbeitete. Gerade als er wegrennen wollte. Egal ob Tante oder Polizei ihn finden würden. Genau da geht die Tür auf.

Da stand sie. Mit diesem aufgesetzten freundlichen Lächeln, welches sie immer vor Fremden trug. Vor Fremden, ja, da war sie es tatsächlich. Gutbürgerlich. Freundlich. Nett. Die Frau, die sich aufopferungsvoll um das missratene Balg ihrer verstorbenen Schwester kümmerte. Die durch eine Engelmacherin Gestorbene. Doch das war die Tante nicht. Alles war nur eine Fassade und mindestens so falsch wie ihr Diamantschmuck, den er aus Versehen beim Polieren einmal fallen gelassen hatte, wobei das Collier in tausende Stücke zersprang.

Zwei Wochen Kellerraum, kein Bett, keine Decke, einen Eimer, ein Stück Brot für zwei Tage und ein Glas Wasser für einen Tag. Zumindest hatte sie dies nach 25 Schlägen mit dem Teppichklopfer gesagt, genau wissen, wie lang er da war oder was er bekam, tat er nicht. In diesem Raum gab es keine Fenster, kein Licht, und man wusste nie, ob es draußen gerade Tag oder Nacht war. Es war grausam, nicht zu wissen, wie schnell oder langsam die Zeit verrann, nicht mehr seinem Körper trauen zu können und den beißenden Geruch, der sich alsbald aus dem Eimer bemerkbar machte, ertragen zu müssen. Doch wie oft war er bereits dort unten gewesen. Eingesperrt. Nur mit sich und seinen Gedanken. Alleine.

Sobald die Tante sah, dass die Polizeibeamten bereits gefahren und keine Nachbarn auf der Straße waren, fiel ihr Lächeln, und ihr Blick wurde eiskalt und hart wie Stahl. „So, so, da macht der kleine nutzlose Bastard sich also einfach aus dem Staub, dachte wohl, er könne mir entkommen. Wie lächerlich. Wie erbärmlich. Genauso nutzlos wie das Nichts von deinem Vater und deiner Mutter. Meine missratene Schwester." Das war alles, was sie sagen würde, jetzt würde sie Taten sprechen lassen. Das wusste er.

Da fühlte er auch schon, wie er am Hemdkragen gepackt und reingezerrt wurde, und zeitgleich mit dem dumpfen Geräusch der großen und schweren, schließenden Eichentür spürte er das Pochen in seiner Wange. Auf einmal blendete er alles aus. Er war wie taub, als würde er alles von der anderen Seite einer Scheibe sehen. Er realisierte kaum, was mit ihm geschah. Wie er gegen die Wand knallte, vom Rückprall von irgendeinem der Schläge. Wie er die Treppen hochgezerrt, getreten und geprügelt wurde, und auch kaum, wie er oben in die Glasvitrine geworfen wurde und wie die Glasscherben sich immer und immer weiter in seinen kleinen, hilflosen Körper hineinbohrten, und dann, ganz langsam, fing es an. Er fing an die Dunkelheit zu umarmen. Er empfing das Gefühl, das sich langsam auszubreiten schien. Er schloss die Augen und empfing ganz langsam diese Schwärze. Wieso hatte er das nicht früher getan? Dann war es so weit, und alles war nur noch schwarz.

Schmerz. Das Erste, was er merkte, war einfach nur Schmerz. Tief bohrte er sich durch seinen kleinen, hilflosen Körper, als würde er nie enden. Dann kam die Kälte, unerbittlich und hart, er konnte ihr nicht entfliehen, doch die Kälte umgab ihn nicht nur, nein, sie war tief in ihm drin. Es war wie nach diesen langen Wintertagen, die man draußen verbrachte. Draußen war einem warm, da man im Schnee spielte, Schlitten fuhr, Schneemänner baute oder Schneeengel machte. Doch dann, wenn man reinkam in die warme Wohnung, merkte man, wie durchgefroren man war, und erst der warme Kakao von Mutter konnte einen dann so richtig aufwärmen.

Doch mit diesen Gedanken drangen auch die Gerüche zu ihm durch. Es würde keinen Kakao geben, geschweige denn einen warmen, und erst recht keinen von Mutter. Denn Mutter war tot und er hatte auch keinen langen Wintertag draußen herumtollend im Schnee verbracht. Er war im Kellerraum. Der Gestank war fürchterlich und sein kleines Ich wusste nicht, wovon er rührte. Es war, als wäre der beißende Geruch schon in das Gemäuer übergegangen, genauso wie die Kälte.

Langsam kamen seine Erinnerungen zurück, an das, was geschehen war. An den Grund, warum er nun hier lag. Die Flucht.

Der kurze Moment von Glückseligkeit. Die kurze Freiheit. Der Markt mit all den hektischen, aber doch glücklich wirkenden Menschen. An ein Lachen, irgendwo im Getümmel. Doch dann war alles vorbei, die Polizei kam, setzte ihn vor dem Tor ab und fuhr weg. Er erinnerte sich an den Himmel, als er den

Weg entlanggeschritten war, und die freien Wolken. Die Eichentür und das falsche Lächeln. Die Treppe, den Schmerz, die Glasvitrine und wie dann alles schwarz wurde.

Der kurze, segnende Moment von Taubheit. Er wollte sich bewegen, aufstehen, weg von hier. Die Beine, die Arme, der Kopf, ein Bein, ein Arm, ein Finger, irgendwas. Nur die Augen öffnen, es ging nicht. Er fühlte nichts und doch alles. Er versuchte sich zu rühren, einen Laut von sich zu geben. Irgendwas. Er wollte schreien, um sich schlagen. Er wollte rennen. Hilfe. Auf einmal fiel ihm das Atmen schwer. All die Erinnerungen. Diese Gelähmtheit. Es vermischte sich, Schneemänner, Polizei, die Treppe, Lachen, er konnte nicht mehr atmen, er ertrank und niemanden würde es interessieren. Keine Luft, aber er war nicht im Wasser, wie könnte er ertrinken? Er wollte raus, war gefangen in diesem Haus, in diesem Raum, von der Kälte und dem Gestank, von seinem eigenen Körper. Immer noch konnte er nicht atmen und dann ertrank er endgültig und alles wurde wieder schwarz.

Heute, Jahre später, trägt er eine Narbe auf der Zunge, von diesem Ereignis. Es war und ist nicht die einzige Narbe, es ist die, die seinen Mitmenschen am wenigsten auffallen würde, doch wenn er mit der Zunge über seinen Gaumen fährt, spürt er sie. Er spürt sie und erinnert sich. Er erinnert sich immer, nie kann er das Geschehene vergessen. Doch diese Narbe, diese taube Stelle auf seiner Zunge, sie nimmt ihm so viel mehr als ein makelloses Erscheinungsbild und die Möglichkeit, alles richtig zu schmecken. Sie bringt ihn dazu, bei jedem Happen, den er isst, bei jedem Schluck, den er trinkt, nie zu vergessen, nicht weinen zu dürfen, keine Schwäche zu zeigen und sich nie in dem Moment eines leckeren Essens zu verlieren. Nie kann er sich etwas auf der Zunge zergehen lassen, ohne sich zu erinnern. Zu fürchten, etwas sei zu warm oder zu kalt. Beim Essengehen, beim Trinken in der Kneipe, nie kann er sich auf sein Gegenüber oder nur auf sich konzentrieren. Denn die Augen verfolgen ihn und würden es auch immer tun.

Jean-Jacques de Boissieu, „Baumstudie: Drei Stämme“ (um 1800)
Hessisches Landesmuseum Darmstadt, Foto: Wolfgang Fuhrmannek

Ikira Schielke

Ohne Titel

Zu: „Baumstudie: Drei Stämme“
von Jean-Jacques de Boissieu, Lyon 1736-1810

Schräg wächst das Pflänzchen,
es weiß es nicht besser,
es tut alles, was es kann.
„Steht!“, das ist der Anspruch,
und das tut es auch,
es wächst weiter, recht entspannt.

Höher und härter,
weiter und dicker.
Nun ist es groß und es besinnt
sich auf seine Schief-
lage und stellt sich die
Frage, wie die weitere Zeit wohl gerinnt.

Schräg wächst der Baum,
er weiß es nicht anders,
es ist alles, was er kann.
„Steht!“, das ist der Anspruch,
und das tut er auch,
doch mit dem Alter weiß er nicht mehr, wie lang.

Beatrice Bräuer

Schlüsselgedicht

Woher
Wozu

Clara Drewelies

Schulgedicht

Kopf
qualmt

Annalena Lang

Schwarz

Ich schob Farn zur Seite, Blätter, überall. Ich stolperte, flog, fiel.

Ein Traum!

Schlamm.

Kein Traum!

Mit Dreck im Gesicht und verklebten Kleidern schlug ich auf. Ein erstickter Schrei kam aus meiner Kehle und hinter meinen Lidern verdunkelte sich die Welt, bis ultimo. Es wurde rot.

Lange lag ich so da und fror. Die Vögel zwitscherten nicht mehr, als ich mich endlich aufrappelte. Keine Minute zu spät, denn als ich auf die platt gedrückten Pflanzen, die aus dem nassen Dreck wucherten, auf denen ich eben noch unbestimmt lange gelegen hatte, blickte, bemerkte ich ein Klappern, nein, mehr ein Geräusch wie aus Rasseln. Es verzerrte sich mehrfach, bevor es wieder klar klang. Was war nur los mit mir?

Immerhin war ich geistesgegenwärtig genug, seitwärts …

rückwärts zu gehen. Es bewegte sich links vor mir – neben dem Schlammloch, in dem ich gelegen hatte. Ich strengte meine Augen an. Das Bild stellte sich scharf, verwackelte dann, wurde wieder klarer. Es hörte sich an wie … und sah auch aus wie …

Ich stolperte und flog hin, zum zweiten Mal an diesem Tag.

Oder schon gestern? Ich war verwirrt, ernsthaft bekloppt.

An jedem anderen Tag und auch an jedem anderen Ort hätte ich mich jetzt einfach auf die Knie fallen lassen und das Gesicht in den Händen vergraben, vielleicht geheult.

Aber nicht hier, ich hatte dazugelernt. Ich musste weg von der Schlange, schnell … langsam.

Ein paar Meter schaffte ich bergauf, dann zog ich mich auf einen umgefallenen Baumstamm, der am oberen Ende stark gesplittert war. Ein unkontrolliertes Zittern durchfuhr mich. Ich konnte nicht aufhören. Ganz eng schmiegte ich mich an meine Knie.

Zu dem Zittern kamen meine Tränen, die einfach an meinen Wangen hinabflossen. Um sie zu stoppen und wieder klar sehen zu können, kniff ich die Augen fest zu. Ein Schluchzen schüttelte mich. Ich wollte mich zusammennehmen, weiterlaufen, fliehen! Aber als ich den Kopf hob, losgehen wollte, die Angst abschütteln, fort aus diesem Albtraum – als ich meine durchgefrorenen, unterkühlten Beine ausschütteln wollte, loslaufen und nicht mehr umdrehen, da wurde mir schwarz vor Augen.

Nina Müller und Svenja Leifheit

Seelenruhig

Mann: „Ich hatte ruhig geschlafen, in meinem wohlig warmen Bett, eingekuschelt in drei Decken in dieser kühlen Februarnacht. Ich war bisher nur einmal aufgewacht und das war, als sie mir die Decke weggezogen hatte und ich zitternd auf einem Achtel des Bettes zusammengekauert lag. Nachdem ich mir Deckennachschub geholt hatte, war ich seelenruhig wieder eingeschlafen."

„Seelenruhig" (*gesprochen!*)

Mann: „ … bis ich Schreie hörte!"

„Schreie, Schreie, Schreie!" (*lautes Rufen!*)

Mann: „Maschinengewehre. Laute Geräusche überall."

„Sie sind da." (*geflüstert!*)

Mann: „ … dachte ich."

Frau: „Ich wachte auf, weil ich spürte, dass er nicht mehr schlief. Wir rannten aus der Hintertür; er hielt meine Hand und zog mich hinter sich her."

Mann: „Ich hatte sie am Handgelenk und riss sie hinter mir her."

Frau: „Wir versteckten uns im Wald; da fiel mir ein, dass ich vergessen hatte, die Tür wieder zuzumachen. Wenn jemand die offene Tür sieht, sind wir entdeckt. Soll ich gehen und sie schließen? Aber dann ist die Umarmung vorbei, und ich denke, er braucht sie. Und ich brauche sie auch. Man sagt, das soll helfen; doch jeder, der das je gesagt hat, ist jetzt tot. Soll ich die Tür zumachen? In mir geht so viel vor, ich weiß nicht, worauf ich mich konzentrieren soll. Ich habe Angst!"

(**Beide sprechen gleichzeitig ihren Text, der die individuellen Gedanken und Gefühle beinhaltet:*)

*Frau: „Die anderen hätten jetzt gesagt „es ging alles so schnell", aber sie sind tot und ich sage es nicht. Die anderen haben immer die Türen hinter sich geschlossen – soll ich das jetzt auch tun? Was wird von mir erwartet in dieser Situation? Was erwartet er von mir? Was hätten die anderen gemacht? Sie hätten gewusst, was zu tun wäre, wenn sie als Einzige diesen Angriff überlebt hätten…"

*Mann: *(Atmen – Atem geht weiter …)*

Saskia Kasten

Selbstbewusst

Wenn Leute mir sagen, du bist selbstbewusst,
dann muss ich leider sagen, ich bin so, wie ich sein muss.
Die Gesellschaft sagt mir, wer ich bin,
denn bin ich anders, dann sehen sie hin.

Sie alle tun so, als wäre es schlimm, dass du anders bist,
weil sie es nicht kennen.
Alles was sie nicht kennen, ist anders,
alles das ist es, was sie versuchen zu töten, mit ihren Blicken.

Wenn Leute mir sagen, du bist selbstbewusst,
dann muss ich leider sagen, ich bin so, wie ich sein muss.
Die Gesellschaft sagt mir, wer ich bin,
denn bin ich anders, sehen sie hin.

Dir bleibt keine Wahl, außer so zu tun, als wäre dir das alles egal …
du musst ignorieren! Alles, was versucht zu töten.
Denn manchmal versuchen sie zu töten, was anders ist,
doch das geht nicht, selbst wenn du es willst.

Manche können das ändern, was anders ist, doch manche eben nicht.
Dann wird nicht getötet, weil es anders ist,
sondern nur, weil du es bist.
Gerade dann, wenn du nichts dafür kannst, dass du anders bist.

Wenn Leute mir sagen, du bist selbstbewusst,
dann muss ich leider sagen, ich bin so, wie ich sein muss.
Die Gesellschaft macht mich zu dem, wer ich bin,
aber ich bin anders und sie schauen hin.
Mein Selbstbewusstsein ist der Grund, warum ich an Blicken
noch nicht gestorben bin …

Jacques Bellange, „Laufende Diana“ (um 1613), Hessisches Landesmuseum Darmstadt, Foto: Wolfgang Fuhrmannek

als würde es ihnen leidtun, und dann im nächsten Moment schon wieder über andere Dinge reden, die ihnen wichtiger sind. Aber wenigstens mal „Mein Beileid“ herausgehauen. Ich könnte kotzen bei dem ganzen „Beileidsscheiß“. Was für eine Gesellschaft! Ich schnalle mich an, Stille! Sehe meine Brüder sich vor mir anschreien. Eigentlich ist es wie immer, außer dass die Vorgeschichte eine andere ist. Aber meine Brüder verstehen das ja sowieso noch nicht, denke ich mal wieder. Als es mich auf einmal so wütend macht, dass sie jetzt lachen, muss ich mich zusammenreißen, sie nicht anzuschreien, und mir gleichzeitig denken, dass sie ja gar nichts dafür können und schließlich noch so klein sind. Mein Vater fährt los und der Ruck holt mich ein wenig zurück aus meinen Gedanken. Wahrscheinlich bin ich einfach nur neidisch, dass sie sich so sehr distanzieren können und ich das nicht kann.

Meine zittrigen Finger berühren die heißen Anschnallgurte, bei den neunundzwanzig Grad, die draußen herrschen. Vor allem heute war es warm und ich sehne mich nach nichts mehr als nach kaltem Regen. Oft kann der Regen das abwaschen, was über dem Ganzen liegt. Gibt es zum Beispiel Streit, kommt der Regen und wäscht die Wut weg und somit sieht alles nach dem Gewitter schon viel besser aus. Wahrscheinlich ist das sowieso nur Einbildung. „Nichts kann mich hier herausholen“, rutscht mir versehentlich laut heraus. Meine Eltern, vorne im Auto, haben mich zum Glück nicht gehört, sodass ich nicht auf irgendwelche Fragen antworten muss, die ich jetzt sowieso nicht höre. Mittlerweile auf der Autobahn Richtung Aschaffenburg schaltet mein Vater das Radio an. Lauter Nachrichten, die ich immer noch nicht höre, sondern nur durch die entsetzten oder genervten Gesichter meiner Eltern zu deuten weiß. Diese halbe Stunde Autofahrt kommt mir viel länger vor. Schon gefühlte drei Stunden sitze ich hier in meiner eigenen Stille. Wie viel Zeit wir im Leben verschwenden, ist unfassbar. Anstatt einfach zu leben, beschäftigen wir uns mit Dingen, die so unglaublich oberflächlich und unnötig sind. Ist schon komisch, wie man sich wegen mancher Dinge so einen Kopf macht und am Ende ist es gar nicht so schlimm. Auch mir passiert das oft, allerdings nicht heute. Ich weiß genau, dass das für mich etwas sehr Wichtiges ist, und das sollte es auch sein. Ich betrachte den Hinterkopf meines kleineren Bruders, mache die Augen zu und stelle mir ihren Hinterkopf vor. Ihre Haare und ihren Körper. Ihre wunderschönen, blauen Augen. Ich weiß noch genau, als sie mich das letzte Mal ansahen und mir sagen wollten, dass es okay ist. Diese Treue und gleichzeitig die Angst, die sie ausstrahlten, brachten mich direkt zum Weinen. Seitdem weine ich nicht mehr. Ich erinnere mich auch noch an ihre weichen Hände. Dadurch, dass ich sie schon lange davor nicht mehr gesehen hatte, fällt es mir wirklich schwer, mich an jedes Detail zu erinnern. Man muss Personen besser anschauen, denke ich mir im gleichen Moment, während ich bereue, das mir nicht vorher gemerkt zu haben.

Aber schließlich war ich noch nie in so einer Situation. Warum wird man auf so etwas nicht vorbereitet? Auf alles, aber nicht auf das! Ständig Vorträge über das weitere Leben, Studium usw. Verdammt, ich bin noch sechzehn! Ich öffne meine Augen wieder. Meine Brüder sind eingeschlafen und meine Eltern singen bei den ihnen sichtlich bekannten Liedern mit. Ich, hier hinten, alleine. In der Stille.

Mein Kopf voll und gleichzeitig leer, meine Augen schwer, mein Mund trocken und meine Ohren taub. Ich krame mit immer noch zittrigen und eiskalten Fingern meine Kopfhörer aus der Tasche. Die Tasche, die sie mir schenkte, als ich zehn Jahre alt wurde. Es war diese Tasche, die ich schon immer wunderschön fand und die sie mir dann überließ, weil sie merkte, wie sehr ich sie liebte. Außerdem benutzte sie sie schon lange nicht mehr wirklich oft, und wenn ich da war, hatte ich sie auch den ganzen Tag. Mit den Kopfhörern erhoffe ich mir, wieder Geräusche und Musik wahrnehmen zu können. Ich entwirre die weißen Kabel, schalte meinen lilanen, mit Kratzern übersäten iPod an und stecke mir, einen nach dem anderen, die Stöpsel ins Ohr. Nichts. Stille. Genau wie die Stille, wenn die Musik um dich herum so laut ist, dass du sie im ganzen Körper spürst. Wenn du so glücklich bist und an nichts anderes denkst, als zu tanzen. Da gibt es diese Stille auch. Als vor zwei Monaten dieser Abend mit der „wundervollen Stille" war, hätte ich mir nie erträumen lassen, dass ich diese Stille mal so hassen würde.

Als dann das Lied kommt, erwachen meine Ohren zum Leben. Ich sehe den Sommer vor neun Jahren vor mir. Im blühenden Garten. Meine große Schwester und ich rennend zwischen den Beeten, hin und wieder Himbeeren und Brombeeren pflückend. Glücklich. Und sie sitzt neben uns, lachend, erzählt uns Geschichten und singt. Sie singt dieses Lied, das das Blut in mir schneller fließen lässt. Das Bild verblasst. Ich bin allein, denn meine Schwester hat mich allein gelassen, mit den Problemen, die einst uns beide beschäftigten. Ich spüre, wie mir allmählich warm wird. Meine Hände werden auf einmal schwitzig, was ich bemerke, als mein iPod mir beinahe herausrutscht. Ich drehe mich nach links. Schaue aus dem Fenster und sehe die Autos vorbeisausen. Also nicht wirklich, denn alles ist verschwommen. Als würde es regnen. Ich schaue mich im Auto um, doch auch hier ist alles verschwommen. Also kann es nicht der Regen sein. Als ich wieder nach draußen abschweife, ist alles noch verschwommener. Das Bild in meinem Kopf wird wieder stärker, ich schaue starr hinaus, halte meinen iPod fest in der linken Hand und dann spüre ich etwas Nasses meine beiden Wangen herunterlaufen.

Laura Groote

Tree of love

Wir standen auf einer Wiese,
auf der die Blumen nur so blühten,
weit und breit keine so schön wie diese,
weil wir beide uns so bemühten.

Alles war friedlich und ausgeglichen,
doch nun schien unser Frieden zu kapitulieren,
ein Unwetter hatte sich unbemerkt angeschlichen
und ließ unsere Blüten erfrieren.

Ohne Vorwarnung fing es an,
plötzlich herrschte ein heulender Wind,
der immer mehr an Schwung gewann,
waren wir all die Zeit so blind?

Der Sturm wütete und schnaubte,
er war so heftig und grausam,
dass ich unsere Liebe schon tot glaubte
und ein quälender Zweifel in mir hochkam.

Blitze und Donner machten mir Angst,
verdrängten jeglichen Hoffnungsschimmer,
und weil du dich zu isolieren begannst,
wurde alles nur noch schlimmer.

Was einst ein Paradies war,
wurde nun zu einem Schlachtfeld,
wir beide gaben uns unverwundbar,
waren unser eigener Held.

Stets wuchsen wir auseinander,
umschlungene Äste trennten sich,
ich war so schrecklich durcheinander,
dabei brauchte ich nichts mehr als dich.

Doch als mein Herz verzweifelt nach deinem rief
und sie endlich wieder im Einklang bebten,
reichten unsere Wurzeln scheinbar so tief,
dass wir es dennoch überlebten.

Unsere Krone war demoliert,
waren am Rande der totalen Zerstörung,
so grausam wurden wir attackiert,
doch letztendlich siegte die Hoffnung.

Und so wuchsen wir,
größer und stärker als je gedacht,
zwar mit Kratzern und Schrammen als Souvenir,
doch niemals zusammengekracht.

Yann Hendrickx

Türgedicht

Knall
zu!

Francesca Fiedler

Uhrengedicht

Zeit
vergeht

Saskia Kasten

Unscheinbar

Unscheinbar
Still und leise
Unscheinbar!
Groß und grau
Schutt und Asche überall
Niemand sieht sie
Niemand hört sie

Schutt und Asche überall
So grau, dass niemand sieht die Farbe
Inmitten großer grauer Häuser
Inmitten von Radau und Lärm
Still und leise
Unscheinbar!
Steht inmitten all des Grauen
Diese bunte Blume da

Francesca Fiedler
Vergangenheit

unveränderlich
unterschiedlich

Annalena Lang

Verschlimmbesserung

Wenn man ein schönes Bild
noch schöner malen will,
und es dann furchtbar aussieht.
Wenn sich ein Gewitter,
um Blumen zu tränken,
vor die Sonne schiebt.
Wenn ein blühender Baum,
der hoch gewachsen ist,
von 'nem Blitz entflammt wird.
Wenn das fertige Nest,
an dem man den ganzen Tag gebaut hat,
in Flammen aufgeht.
Wenn die Flammen einen wärmen, während es stürmt,
und der Regen sie löscht.
Wenn man sein neues Schicksal
immer wieder akzeptiert
und es einem sein Leben trotzdem
nochmals verschlimmbessert.

Jean-Jacques de Boissieu, „Bauernhäuser und Hütten über einem Felsabhang“ (um 1766), Hessisches Landesmuseum Darmstadt, Foto: Wolfgang Fuhrmannek

Jana Fritsch

Was du (nicht) bist?

Zu: „Bauernhäuser und Hütten über einem Felsabhang“ von Jean-Jacques de Boissieu (um 1766)

Die Sonne brennt,
sie brennt in deinen Augen, auf der Haut,
die Zeit rennt,
ihre Schritte leise und auch laut.
Doch du hörst sie nicht, die Schritte,
sitzt zwischen Felsen in der Mitte.

Außer dir niemand zu sehen,
du bist einfach nur allein.
Du könntest rennen, könntest gehen,
könntest singen, könntest schreien.

Aber du sitzt und du vergisst
alles um dich und die Zeit,
und alles, was da ist,
was immer war, das ist dein Leid.
Es ist alles, was du hast,
diese große, schwere Last.
Und doch sitzt du dort im Licht,
der Schatten, er erreicht dich nicht.

Ist da wirklich so viel Trauer?
Was ist hinter dieser Mauer?
Deiner Maske, die du trägst,
der Fassade, die du lebst?

Man mag es dir nicht glauben,
denn du lachst mit deinen Augen.
Kein Leid ist mehr in Sicht,
nur ein Lachen im Gesicht.

Du verweilst für eine Stunde,
oder nur eine Sekunde,
um zu vergessen, was da ist,
zu sein, was du willst, aber nicht bist.

Leonie Brandmeier

Was ist Morgen?

Geister der Vergangenheit,
kommt, fesselt uns, schreit.
Umschlingt uns,
fesselt uns durch eure Kunst.
Schließt eure Fänge,
nehmt uns gefangen in endlosen Gängen.

Kommt, lasst uns vergessen, was morgen ist,
umgarnt uns mit bittersüßer, klebriger List.
Was morgen ist, zählt nicht, wir sehen nicht,
wie Vergangenheit mit Zukunft ficht.
Wir leben im Heute und Jetzt,
haben uns mit dem Morgen verschätzt.

Immer denken wir mit Schauern,
an vergangenes Grauen.
Was passiert morgen?
All die aufgeschobenen Sorgen,
Angst des Jetzt, Schatten des Vergangenen
Zwist der unerbittlich ringenden Mächte,
im Dunkeln der Nächte.
Auf unsere Kosten,
lassen das Morgen verrosten.

Denn wir denken nicht,
mit Weitsicht.

An und mit der Zukunft,
sondern nur mit Vernunft.
Zukunft, das Morgen,
hier sind unsre Sorgen.

Wie soll es morgen weitergehn?
Werden wir etwas tun gegen das Geschehn?
Werden wir aufstehn, kämpfen, uns stellen?
Bestehen gegen Wellen?
Aus der Furcht vor unseren Träumen,
verwoben zu endlosen Räumen.

Ja, morgen lass uns aufstehn,
nicht länger mit dem Wind gehen.
Ja, morgen stellen wir uns,
einem uralten Wunsch.

Einem Sog gleich,
von Träumen reich.
Wird er uns helfen zu finden,
worum wir uns schon lange winden?
Unsere Träume.
Die Wunschblasenschäum.

Dieser Sog ist morgen,
ist unsre Zukunft, morgen,
ist das, woran wir denken sollten, morgen
ist das, was zählt, morgen!

Luisa Schlüter

Wie geht es dir?

Vier Worte so naiv,
nicht von einer Sorte,
Kommunikation dadurch läuft meistens schief.

Mir geht es gut,
um Gottes willen noch schlimmer!
Wer die Aussage glaubt,
hat doch von Gefühlen keinen blassen Schimmer.

Wir sollen nicht lügen!
Dafür ließen uns unsere Eltern doch schon mit ein paar Jahren rügen.
Sag, warum tun wir es dann?
Sag, warum lassen wir uns darauf ein?
Heutzutage ist doch dann jeder ein Lügner, jeder ein Schwein.

Wenn es dir je schlecht ging …
Wenn dich mal wieder niemand auffing …
Hast du je etwas gesagt?
Hast du je nach Gründen gefragt?
Dein Blick weicht meinem aus,
jetzt ist's raus.

Und leider gibt's ein nächstes Mal.
Und nächstes Mal, da lass dein Genuscheltes im Baumwollschal nicht enden mit „gut".

Und beim nächsten Mal denken: „Stimmt, wie geht es mir?"
Genau dann steh' ich hinter dir!
Ich steh' hinter dir und flüster' dir im Stillen eins dieser
Wie-Wörter ins Ohr.
Und dann wirst du eins dieser Adjektive nehmen.
Eines aus diesem Chor.

Mir geht's perfekt.
Gerade die Liebe meines Lebens beim Blinddate verschreckt.
Mir geht's dann doch beschissen.
Du hast 10 kg weniger?
Ah, toll. Lass es mich nicht wissen!
Mir geht's total kacke,
ja, ich sag', was ich denke,
ist halt so'ne Macke.
Mir geht's ziemlich steil,
im Gegenteil.
Bin schon im Paranoid-Sein richtig gut,
bei jedem Lebewesen schreit meine innere Stimme:
„Ein Verräter, bleib auf der Hut!"

Und wie's mir geht?
Ich weiß es nicht.
Mal ist da diese Steinschicht über meinem Herzen, mal ist
sie da nicht.
Und wie's mir geht?
Gut.
Vor Verrätern auf der Hut hocke ich da down im Dunkeln.
Und wie's mir geht?

Gut.
Warum fragst du?
Hat das einen Sinn?
Ja, tut es!
Denn wenn du mir wichtig bist, mich kennst, mich fröhlich kriegst (=krist),
dann hat das einen Sinn.
Denn bei wahren und ehrlichen Menschen steckt in meiner Aussage „gut",
bei „Wie geht es dir?" sogar Wahrheit drin.

Fatima Haji

Wie Tag und Nacht

Zu: „Frau, einen Korb auf dem Kopf tragend" von Simon Vouet (1640)

In deinen Augen fand ich meine Liebe
sah in ihnen die Sonne aufgehen
die Sonne untergehen
ich sah den Tag aufbrechen
die Nacht einbrechen

In deinem Handeln fand ich den Schmerz
ich fühlte die Zerrissenheit des Bandes, das unsere Herzen hielt
fühlte die Salztropfen tiefer in die Wunde dringen
und letztlich deine Hand sich gegen mich heben

Simon Vouet, „Frau, einen Korb auf dem Kopf tragend“ (1640), Hessisches Landesmuseum Darmstadt, Foto: Wolfgang Fuhrmannek

Wie Tag und Nacht waren wir
du nahmst mir nicht nur den Tag
mit dir verschwanden auch die Sterne der Nacht
und somit jegliches Licht in meinem Leben

Svenja Leifheit

Wir haben unser Leben noch vor uns

Die Musik war dröhnend laut, man spürte das Vibrieren des Basses im ganzen Körper. Madison blickte mit einem heimtückischen Lächeln über die sich im Rhythmus der Musik bewegende Menge. Sie drehte sich zu mir um. Ich grinste ihr voll Vorfreude entgegen: „Da ist Grace!", rief ich ihr über den Lärm hinweg zu und machte eine Armbewegung zu ihr rüber. Etwas blitzte in Madisons Augen auf. Sie holte eine kleine Plastiktüte aus ihrer Hosentasche, in der zwei weiße Tabletten waren. An der Bar nahm sie eine Wodkaflasche in die Hand und zerstampfte damit die Tabletten zu einem feinen, weißen Pulver. Sie grinste mich an und kippte es in einen vollen roten Plastikbecher. „Na hoffen wir mal, dass wir Grace etwas lustiger machen können." Sie nahm ihren eigenen Becher auch wieder in die Hand und schlenderte hinüber zu Grace. Ich folgte ihr. „Hey Gracy!", rief Madison überschwänglich und drückte ihr das Getränk in die Hand, „lass uns auf unsere neu gewonnene Freundschaft trinken." Grace guckte uns in einer Mischung aus Verwirrung, Furcht und Bewunderung an. Maddy hielt ihr strahlend ihren Becher entgegen und Grace stieß mit uns an. Als Grace nach wenigen Schlucken absetzen wollte, schüttelte Madison nur grinsend den Kopf und hob mit dem Zeigefinder Grace' Becher wieder Richtung ihrer Lippen.

Später am Abend tranken wir gerade einen widerwärtigen Jelly Shot, als Grace auf uns zutaumelte und sich an Madison festkrallte: „Mir geht's nicht so gut!" „Na und? Ist das mein Problem?" Madison zog ihren Arm weg, woraufhin Grace nach vorne stolperte. Sie fing sich gerade noch mit den Armen ab und begann, zum Ausgang der Lagerhalle zu torkeln. „Maddy, wir müssen wenigstens nach ihr sehen!“ Ich zog an ihrem Oberteil. Widerwillig folgte mir Madison. Draußen war Grace gerade am auf und ab Laufen. Sie fächelte sich mit den Händen Luft zu und atmete ungleichmäßig. „Oh mein Gott, ich krieg keine Luft! Das ist nicht normal! Das ist doch nicht normal, oder?“ Ihre Stimme war am Ende des Satzes hysterisch geworden und sie begann, noch hektischer als ohnehin zu atmen. „Ich … ich bekomme keine Luft. Das ist nicht gut! Das …ist … nicht … gut! Was habt ihr mit mir gemacht? Was war das für ein Drink?“ Keiner von uns antwortete, das war ohnehin nicht nötig, da sie auf keine Antwort wartete, sondern nun schnellen Schrittes über den Parkplatz Richtung Wald lief. Wir eilten ihr hinterher. „Grace, bleib jetzt stehen!“, rief Madison in ihrem gebieterischen Tonfall. Doch Grace wurde nur schneller. Am Waldrand hatten wir sie fast eingeholt, da joggte Madison zu ihr und hielt sie am Arm fest. „Stopp! Bleib einfach stehen und atme ganz ruhig!“ Ihr Blick sah nach echter Besorgnis aus, stellte sich nur noch die Frage, ob über Grace oder über die Probleme, die auf sie zukommen würden, wenn Grace jetzt echt etwas passieren würde. „Komm, Madison, lass uns einfach gehen, das wird gleich schon wieder“, sagte ich, doch in Wahrheit wusste ich, dass wir einen Fehler gemacht hatten. Irgendetwas Schreckliches würde passieren, und ich wollte nicht hier sein, wenn es passierte.

Für eine Millisekunde trafen sich Grace’ und mein Blick. Ich sah das Flehen nach Hilfe in ihren Augen. Doch schon im selben Moment beugte sie sich von Schmerzen gequält nach vorne, und ein Wimmern verließ ihre Kehle. Sie übergab sich direkt vor ihre Füße auf den Waldboden. Immer und immer wieder würgte sie. Als ich genauer hinsah, sah ich die rote Farbe, die es hatte. Nein … … nein, nein, nein, nein, nein! Ich bekam Panik, stürzte nach vorne zu Grace und wollte sie hochreißen. Doch sie krümmte sich nur noch mehr und fiel schließlich auf die Knie. Es kam mir vor wie ein Wimpernschlag, bis sie regungslos dalag, direkt vor meinen Füßen, neben ihrem eigenen Blut. „Oh mein Gott", das kam als Flüstern aus Madisons Richtung. Ich hatte sie beinahe vergessen. Jetzt hatte sie die Hand vor den Mund geschlagen, und ihre Augen waren weit aufgerissen. „Wir rufen den Krankenwagen! Wir müssen den Krankenwagen rufen!", ich fingerte hektisch in meiner Hosentasche nach dem Handy. Als ich es endlich mit zitternden Fingern vor mich hielt, erwachte Madison aus ihrer Starre. „Bist du verrückt?!" Mit einem Satz stand sie vor mir und riss mir das Handy aus der Hand. Sie lief zu Grace, ging in die Hocke und befühlte vorsichtig ihren Hals. Dann saß sie eine Weile nur da. Als sie sich langsam umdrehte, war ihr Gesicht leer. „Sie ist tot", sagte sie. „Es macht keinen Sinn, den Krankenwagen zu rufen, sie lebt ohnehin nicht mehr, und sie werden uns nicht glauben, dass es ein Unfall war." Sie sah mir bei diesen Worten direkt in die Augen. „Aber … aber Madison! Wir … wir müssen ihr helfen! Wir können sie nicht einfach hier liegen lassen!" Meine Stimme klang schrill. „Adriana, wir helfen ihr nicht, wenn wir jemanden holen, wir schaden nur uns. Sie ist tot, wir haben unser Leben noch vor uns. Es war ein Unfall, so was kann passieren." Ich starrte sie nur an: „Madison …", ich sagte ihren Namen wie eine Bitte, sie biss sich auf die Lippe und zuckte mit den Achseln.

Nach einer Weile des Schweigens, die sich anfühlte wie eine

Ewigkeit, sagte sie schließlich: „Also, ich werde jetzt sehen, ob ich eine Schaufel auftreiben kann, und du bleibst hier und überlegst weiter." Es dauerte jedoch eine Ewigkeit, bis ich mich dazu durchringen konnte, zu Grace hinüberzugehen. Mit Tränen in den Augen gab ich mir einen Ruck und begann, Grace' toten Körper über den trockenen Waldboden zu ziehen. Ich hatte sie gerade mal ein paar Zentimeter gezogen, da kam Madison zurück. Sie hatte keine Schaufel in der Hand. Die nächste Panikattacke bahnte sich gerade an, da ich dachte, dass unser Plan nicht aufgehen würde, da sagte sie: „Wir brauchen keine Schaufel. Das war ein Unfall." Ihre Stimme klang leer, doch in ihren Augen funkelte es. „Was meinst du?", fragte ich. „Grace wollte eben auch mal zu den ‚Coolen Kids' gehören, ihre Grenzen austesten. So sind Jugendliche eben. Auch die perfekte Grace." Madison beendete ihren Satz mit einem triumphalen Lächeln. Ich war angewidert von ihr. „Ach, komm schon! Verstehst du nicht? Tote graben sich nicht selbst ein. Aber sie kann schon einfach hier in den Wald gekommen und zusammengebrochen sein." Okay. Das macht Sinn, dachte ich. „Madison, lass uns einfach die Polizei rufen." Ihr funkelnder Blick hätte mich beinahe innerlich getötet, doch Grace, die neben mir lag und wirklich tot war, gab mir Mut. „Madison, ich denke nicht, dass ich hiermit leben kann." „Tja, ob du mit den Schuldgefühlen leben kannst, ist die eine Sache, ob du, bis du 40 bist in einer kleinen Zelle leben kannst, ohne anschließende Karrierechancen oder irgendwelche soziale Kontakte, wenn du wieder rauskommst, eine andere." Ihr Blick brannte sich in meine Iris. „Bis ich 40 bin?", flüsterte ich. Sie sah mich ungeduldig an. Als ich nicht noch mal ansetzte, sagte sie: „Okay, dann lass uns sie wieder so hinlegen wie sie gestorben ist, und vergiss nicht, dass sie auch bei ihrem Erbrochenen liegen muss."

Am nächsten Tag in der Schule war sie natürlich das Hauptgesprächsthema. Inzwischen wusste die Polizei, dass es an einer Mischung von Medikamenten und Alkohol lag. Die Reaktionen darauf gingen wild auseinander, einige feierten sie als heimliches Partygirl, andere veranlasste es dazu, direkt die nächste Anti-Alkoholkampagne zu starten. Von Madison hingegen wusste ich nichts, sie war mir den ganzen Tag aus dem Weg gegangen. Als ich sie endlich sah, raste ich auf sie zu. Hektisch holte ich Luft: „Fühlst du dich gar nicht schlecht? Ich ..., ich verstehe dich einfach nicht! Wie kann man nur so ein Monster sein. Du hast das getan, und du hast mich da mit reingezogen." Ich war völlig aufgewühlt. Einen Moment lang sah sie mich einfach nur an, dann verdrehte sie die Augen und stöhnte: „Ist das dein Ernst? Ich versteh ja, dass du mental am Ende bist und so, aber Grace Tabletten in den Drink zu tun, war allein deine Idee, ich hab sie nur aus dem Schrank meines Vaters geklaut. Du hast dich den ganzen Abend auf eine neben sich stehende Grace gefreut, ich hab den Plan nur mit dir umgesetzt. Und trotz alledem habe ich unsere Spuren beseitigt." Sie sah mir tief in die Augen, um sich zu versichern, dass ihre Worte auch bei mir ankamen. Ich war fassungslos, denn natürlich war alles, was sie sagte, eine Lüge! „Also, wenn du nicht erwischt werden willst", fuhr sie fort, „sei wieder dein altes, mobbendes, egoistisches Ich, sonst schöpfen die Leute noch Verdacht, dass etwas mit dir nicht stimmt." Mit diesen letzten Worten rauschte Madison davon.

Nach einigen Tagen hielt ich es einfach nicht mehr aus. Ich ging zu Madison und sagte: „Ich gehe zur Polizei, so kann es nicht weitergehen. Grace' Eltern verdienen es, die Wahrheit zu wissen." Sie packte mich hart am Arm, als sie sagte: „Das kannst du nicht machen." „Doch, kann ich, Maddy. Und das werde ich auch. Glaub mir, es ist das Beste. Die Schuldgefühle fressen mich auf."„Ach ja? Komisch, du hättest an jedem Punkt stoppen können, du warst quasi schon dabei, sie zu verbuddeln wie ein Stück Dreck! Es wundert mich gar nicht, woher die Schuldgefühle kommen." Ihr Blick war eiskalt. „Und wenn du zur Polizei gehst und ihnen die ‚Wahrheit' erzählst, dann komme ich gerne vorbei und ergänze jedes dreckige Detail, das du ausgelassen hast. Wir wissen ja bereits, dass du einen Hang zum Umdichten von Geschichten hast."

Ich hatte Angst, denn ich wusste nun, wozu Madison fähig war, und ich fürchtete mich vor dem, was sie tun könnte. Sie war nicht nur eine eiskalte Mörderin, sondern wollte nun auch noch mir den Mord anhängen. Nichtsdestotrotz entschied ich mich, am Nachmittag zur Polizei zu fahren. Als ich ankam, stand Madisons Auto schon vor der Tür.

Adriana blickte auf.

Der Polizist sah sie kurz an, dann sagte er: „Und Sie sind sich sicher, dass Sie bei dieser Aussage bleiben wollen?" „Natürlich bin ich mir sicher!", antwortete sie angegriffen. „Nun, wir werden uns diesen Fall sehr genau ansehen, und wenn wir genügend Beweise zusammenhaben, werden Sie dem Richter vorgeführt. Bis dahin werden Sie in Untersuchungshaft bleiben." „Wie meinen Sie das? Wieso muss ich in Haft? Ich bin ein Opfer in diesem Fall, Madison hat mich manipuliert und unter Druck gesetzt!", Adriana schrie den nachdenklichen Polizisten förmlich an. „Nun ja, Ihr Geständnis wirkt etwas erzwungen, da Miss Madison vor Ihnen hier war, und nur weil eine Person sagt, dass etwas die Wahrheit ist, muss es noch lange nicht der Wahrheit entsprechen." Tränen der Wut und der Verzweiflung rollten ihre Wangen hinunter: „Ich verstehe das nicht, was ist mit ihr? Was ist mit Madison?" „Nun ja", die Stimme des Beamten hallte seltsam in dem fast leeren Verhörraum, „sie wird ebenfalls in Untersuchungshaft kommen, doch ich sage Ihnen gleich, einige unserer Beamten haben sich bereits in Ihrer Schule umgehört und Ihre Mitschüler scheinen Sie nicht für viel liebenswerter als Miss Madison zu halten." Adriana sprang auf, wobei sie ihren Stuhl gegen die Wand schleuderte: „Sie hat Sie alle gegen mich aufgehetzt, merken Sie nicht, dass sie nur von sich ablenken will?!" „Bitte setzen sie sich wieder Ma'am." Der Gesetzeshüter klang autoritär. „Ich sage es Ihnen ganz ehrlich, es spricht vieles dafür, dass Sie uns eine falsche Version von dem, was passiert ist, erzählt haben."

Lucy Brust

Wohin uns das Leben führt

Es war dunkel geworden.

Ich betrachtete die dunkle Gestalt ein paar Meter weiter vor mir. Sie saß im Gras, die Hände hinter sich abgestützt, schaute sie den Berg hinab. Ihre Schultern hatte sie hochgezogen, als wolle sie jeden abweisen, der sie sah. Ich ließ mich davon jedoch nicht beirren. Still überwand ich die letzten Meter und setzte mich ebenfalls schweigend neben sie. Fast sofort spürte ich, wie meine Hose vom feuchten Gras klamm wurde.

Der Blick jedoch, der sich mir den Berg hinab bot, entschädigte mich für alle Unannehmlichkeiten. Im Tal konnte man als einzige Lichtquelle lediglich ein kleines Motel ausmachen, welches an einer Landstraße stand und mit Leuchtreklame auf sich aufmerksam zu machen versuchte.

Von dem kleinen Wald mit den großen Tannen, den ich hinter dem Motel vermutete, konnte man genauso wenig erkennen wie von dem alten Friedhof auf der anderen Seite des Tals. Von dort aus stieg feiner Nebel auf, den Fanatiker vielleicht als die Seelen der Toten bezeichnen würden.

Doch das Beste an dieser Aussicht war der Himmel. Ein dunkelblaues, fast schwarzes Tuch, worauf die Sterne wie kleine Diamanten um die Wette glitzerten.

Doch mein eigentlicher Grund für mein Kommen an diesen schönen Ort war nicht die Aussicht. Der Grund saß direkt neben mir und hatte bis jetzt immer noch keinen Ton von sich gegeben. Ich drehte meinen Kopf in ihre Richtung und sah sie von der Seite an. Sie hatte die Augen geschlossen und ihr Gesicht gen Himmel gewendet. Immer wieder bewegten sich Strähnen ihres blonden Haares im leichten Wind und im Schein der Sterne schimmerten ganz leicht die Tränenspuren auf ihren Wangen. Dieser Anblick versetzte mir einen Stich, jedoch faszinierte er mich zur selben Zeit. Wenn man sich nicht bewusst war, dass sie weinte, könnte man meinen, sie hätte Sternpuder auf den Wangen.

Nach einer Weile öffnete sie ihre Augen und sah mich an. Traurig blickte sie drein, was angesichts der Umstände auch verständlich war.

„Was glaubst du", unterbrach sie die Stille. „Was glaubst du, wo er jetzt ist?"

Kurz schaute ich weg und musterte stattdessen ihre schwarze Trauerkleidung. Ich war nicht gut darin, jemandem Trost zu spenden, doch ihr zuliebe wollte ich es versuchen. „Ich weiß es nicht", antwortete ich wahrheitsgemäß, ohne ihr in die Augen zu sehen. „Das weiß niemand."

Nach einer Zeit sah ich auf. Sie hatte wieder angefangen zu weinen und wandte sich von mir ab, um ihre Schwäche zu verstecken. Es stimmte mich traurig, dass sie so dachte. Dass sie dachte, Weinen sei eine Schwäche und würde sie verletzbar machen. Dass ich sie verletzen würde. „Doch das Einzige, was wirklich wichtig ist, ist deine Überzeugung und wie du mit diesem Verlust umgehst."

Die Grillen zirpten noch vereinzelt, doch es war das einzige Geräusch neben ihrem Schluchzen, also störte es nicht wirklich. Ich legte mich ins feuchte Gras und betrachtete den Sternenhimmel. Auch ich fragte mich, wo er jetzt ist, und diese Ungewissheit trieb mich beinahe in den Wahnsinn. Doch einer von uns musste schließlich stark bleiben, nicht? Heute bin ich es. Sie war gestern stark gewesen und wird auch morgen stark sein, doch heute bin ich es. Sie war immer für mich da und jetzt musste ich für sie da sein. Auch die stärksten Menschen brachen irgendwann und brauchten eine Schulter zum Ausweinen und vor allem jemanden, der die Scherben ihres Seins wieder aufsammelte.

Ich spürte, wie sie sich neben mich ins nasse Gras legte. „Du bist furchtbar schlecht darin, jemanden zu trösten", sagte sie schniefend. Ich lachte leise auf und drehte meinen Kopf in ihre Richtung. „Es hat doch geholfen, oder etwa nicht?"

Lächelnd und ohne ihre Augen von den Sternen zu lösen, antwortete sie: „Ja, es hat geholfen."

So lagen wir nebeneinander und schauten in den Himmel. Schließlich wagte ich es, ihre Hand in meine zu nehmen. Es war die erste Berührung, seit wir hier zusammen in den Himmel schauten. Sie war nicht der Typ für viel Körperkontakt, sie mochte es ungefähr genauso viel, wie Danke sagen zu müssen. Auch wenn sie nun trauerte, mochte sie keinen tröstenden Körperkontakt, dementsprechend hatte ich auch nicht meinen Arm um sie gelegt.

Zuerst zuckte sie überrascht zusammen, entspannte sich dann jedoch sofort.

„Bitte, hau nie wieder einfach so ab", sagte ich leise in die Stille hinein. „Und bitte, friss diese Sache nicht zu sehr in dich hinein, das wird dich kaputtmachen. Und das hätte er definitiv nicht gewollt."

Mit einem Blick zu ihr sah ich, dass sie wieder bitterlich weinte. Oder immer noch weinte? Ich hatte den Überblick verloren. Doch anders als in den vergangenen Tagen, als sie weinte, lächelte sie nun auch dabei. „Zusammen können wir alles überstehen, egal, wohin uns das Leben führt."

„Egal, wohin uns das Leben führt."

Die Blätter rauschten von einem Windstoß und nun merkte ich doch, wie die Kälte in meine Knochen kroch. Schweren Herzens setzte ich mich auf. „Wir sollten gehen, bevor wir uns völlig verkühlen."

Auch sie nickte und ich zog sie auf die Beine. Immer noch meine Hand in ihrer, wollte ich mich auf den Rückweg machen, jedoch wurde mir von ihr ein Strich durch die Rechnung gemacht. Sie blieb einfach stehen, bis ich mich zu ihr umdrehte. „Du läufst in die falsche Richtung. Dahinten geht's lang." Sie nickte in die entgegengesetzte Richtung, als in die, die ich nehmen wollte.

Mit einem kurzen Blick rundum musste ich feststellen, dass sie recht hatte. „Ähm … ups?"

„Immer muss man auf dich aufpassen", neckte sie mich. Kurz schmollte ich gespielt, dann lachten wir beide. Als ich dann an ihr vorbei in die richtige Richtung gehen wollte, überraschte sie mich, indem sie mich kurzerhand umarmte. Nachdem ich den kurzen Überraschungsmoment überwunden hatte, legte ich ebenfalls meine Arme um sie und sie vergrub ihr Gesicht an meiner Schulter.

Diese Umarmung spendete nicht nur ihr Trost, sondern auch mir. Unsere Nähe war in dem Moment wie ein rettender Anker im Sturm der Trauer und der Verzweiflung.

Dann murmelte sie etwas so leise, dass ich es fast nicht verstanden hätte.

„Danke."

Beatrice Bräuer

Wolkengedicht

Gesehen
Verschwunden

Laura Groote

Zuversicht

Ich malte mit einem Pinsel,
Setzte ihn an,
Es entstand eine schöne Insel,
Die immer mehr an Land gewann.

Nandin Enkhbold

Zwei Ansichten einer Katze

Eine süße Nase
kleine Pfötchen
zwei flauschige Öhrchen
ein weicher Schweif

und doch, anders als es aussieht
scharfe Krallen
dornenspitze Zähne
kratzend und fauchend

die Nacht hinaus
lauscht schnuppert
ein Quieken
Stille

Nachwort

„Denn, was man schwarz auf weiß besitzt,
kann man getrost nach Hause tragen."*

Zum zweiten Mal erscheint ein Buch mit Gedichten, Erzählungen, Collagen und kleinsten poetischen Szenen, in Summe 101 Beiträge, die von 61 Schülerinnen und Schülern im Rahmen des hessischen Landesprogramms SchreibKunst verfasst wurden. Prominente Autoren haben Jugendliche dabei zwei Jahre lang begleitet und Texte für diese Publikation ausgesucht. In kontinuierlichen Schreibwerkstätten hatten Schüler der Jahrgangsstufen 8-13 die Möglichkeit, eigene Texte zu schreiben und das passende literarische Genre zu finden. Lehrerinnen und Lehrer boten als Schulkoordinatoren dieser besonderen Form der literarischen Nachwuchsförderung mit Räumen und Arbeitszeit nicht nur einen organisatorischen Rahmen, sondern den teilnehmenden Schülern auch die notwendige pädagogische Flankierung („Hilfe, wo ist nur meine Datei!?"). Auch die Kollegen selbst wurden gecoacht, z.B. im Arbeitskreis Literarisch Aktiver Schulen in Hessen. Ein Kooperationspartner, die WIBank Hessen, war ebenfalls mit im Boot. Das klingt erst mal ganz übersichtlich.

Wenn ich als Landeskoordinatorin dieses in seiner Struktur einzigartigen hessischen Modells zur Förderung Kreativen Schreibens an Schulen auf die letzten zwei Jahre zurückblicke, stelle ich erneut fest, wie viel harte Arbeit mit dem Kreativen

*Johann Wolfgang von Goethe, *Faust,* Erster Teil, Studierzimmer, Schüler

Schreiben verbunden ist, dass aber die Freude überwiegt; ja, und dass manchmal wirklich eine Art „scheherazadenhafter" Zauber aufkam, wie ihn der preisgekrönte Autor Thomas Hettche (als Jugendlicher selbst gefördert vom Land Hessen) beschreibt. Darüber zu berichten macht mir Freude und erfüllt mich auch mit Stolz.

Zu SchreibKunst gehört nach einem Jahr, also in der Mitte eines Programmdurchgangs, immer eine erste kleine Werkschau. Dieses Veranstaltungsformat heißt „Literarisches Picknick", und es fand diesmal im Juni 2017 im Römischen Hof des Hessischen Landesmuseums Darmstadt (HLMD) statt, wobei wir uns zu den Lesungen in die naturhistorischen Ausstellungsräume und den kühlen Skulpturenwald haben zurückziehen dürfen.

Schülerinnen und Schüler der beteiligten Schulen aus Darmstadt, Frankfurt und Maintal, Gießen und Marburg trafen sich, um sich kennenzulernen und – wie sollte es anders sein – um sich gegenseitig erste Texte vorzustellen. Schöne Bilder gehen mir durch den Kopf: Lars Ruppels (Deutscher Meister Poetry Slam) mitreißende Begrüßung bei 30 Grad im Schatten, auch die Frage zweier Jugendlicher, die unser Fingerfood-Mittagsbuffet im Museumscafé ‚Rodensteiner Hof' in Augenschein nahmen: „Ist da eine Hochzeit? Nee jetzt … Das ist für uns!?", ein 50er-Jahre-Eiswagen, von einem Fahrrad gezogen, und viele fröhliche Kollegen. Alle waren eingeladen zu einem Tag rund um die Literatur – alle haben es genossen und genutzt. So verabredeten sich die Koordinatorinnen der Ricarda-Huch-Schule in Gießen und der Max-Beckmann-Schule, Frankfurt, einen Workshop bei den Poetry Slamern Dalibor Marković und Dominique Macri (Team Scheller, Deutsche Meister im Team-Slam) gemeinsam durchzuführen. Völlig klar, dass dort experimentelle „Tandemtexte“ von Schülerpaaren aus zwei verschiedenen Schulen entstanden, die jetzt hier im Buch zu lesen sind. Beeindruckt hat mich eine Atmosphäre von Konzentration und Ernsthaftigkeit, die spürbar wurde, als junge Autoren in dem Raum, der von der majestätischen Erscheinung eines 15.000 Jahre alten Mastodon-Skeletts dominiert wird, auf dem Boden sitzend vorlasen. Die mit Literaturpreisen ausgezeichnete Lyrikerin Silke Scheuermann trat hier in einen kritischen Dialog mit den Schülerautoren – und Frau Ungeheuer von der WIBank, die noch einen Folgetermin wahrzunehmen hatte, war so gefesselt, dass sie nach 30 Minuten leise murmelte: „Ich könnte jetzt einfach hier sitzen bleiben und Ihnen noch eine Stunde lang zuhören …“ Parallel bot Lars Ruppel eine Mini-Schreibwerkstatt zur ‚Rosetta-Kometenjäger-Mission‘ an, die das Museum atemberaubend multimedial präsentierte. – Ein rechtes Festival für Nachwuchsliteraten.

Die Zusammenarbeit mit Dr. Lutz Fichtner (Bildung und Vermittlung HLMD) war so fruchtbar, dass in erweiterter Kooperation mit dem Staatlichen Schulamt Darmstadt (Margit Sachse – Organisation) und der Leiterin der Graphischen Sammlung und Kuratorin der Ausstellung „Eleganz und Poesie – Höhepunkte der französischen Zeichenkunst“, Frau Dr. Mechthild Haas, im Frühsommer 2018 gemeinsam mit Prof. Torsten Schäfer, Hochschule Darmstadt (Natural Writing), eine besondere Schreibwerkstatt stattfinden konnte, und zwar zu den wertvollen Bleistiftzeichnungen aus dem Besitz des HLMD, die bereits im Louvre in Paris und nun dieses Jahr in Darmstadt der Öffentlichkeit präsentiert wurden. Der Workshop, schreibend in Dialog mit 300 bis 400

Jahre alten Bleistiftzeichnungen zu treten, bot ein weiteres SchreibKunst-Highlight.

Bereichernd war hier zum einen der Austausch in der Gruppe, die eine besonders bunte Mischung abgab, denn eingeladen waren Schülerinnen und Schüler aus ganz Hessen, gemeinsam mit Kollegen aus allen Schulformen sowie Studierenden der Johannes Gutenberg-Universität Mainz und Studierenden der Technischen Universität Darmstadt literarisch kreativ zu werden. Dabei erwies sich die Expertise der Kuratorin Mechthild Haas als besonders inspirierend, die den Teilnehmern mit eingängigen und sehr verständlichen Erläuterungen jede Scheu nahm. Es entstand eine geradezu andachtsvolle Stimmung, wie man sie beim Betreten einer wenig besuchten, stillen Kathedrale im Süden Europas erlebt, wenn man froh ist, dem grellen Sonnenlicht zu entkommen, die Kühle genießt und dies als Beruhigung der Sinne erfährt.

Das Beispiel für ein solch kontemplatives Schreiberlebnis vor Bleistiftzeichnungen führt die Freude an Feinheit und Stille vor Augen und verdeutlicht die Notwendigkeit, in Zeiten geradezu universaler und als unentrinnbar empfundener Veröffentlichungswut durch Facebook und Instagram außerschulische Erlebnisräume aufzusuchen, die helfen, den Blick nach innen zu richten, und zwar ganz ohne die aufdringliche Frage zu stellen, ‚wie es mir hier denn jetzt geht'. Diese Form kultureller Praxis wird offenbar nicht nur als wohltuend erlebt, weil sie partizipativ geleitet ist, sie ermöglicht über die innere Beteiligung, zu sich selbst zu kommen. Nur so kann der notwendige „Dialog mit der Welt", wie Silke Scheuermann ihn fordert, konstruktiv gelingen. Der Gestaltungswille junger Leute, die heute Schüler sind, prägt die (politische) Zukunft unseres Landes. Da braucht es die Kompetenz, aus dem grellen Licht der permanenten Selbstbespiegelung herauszutreten und sich beispielsweise allein vor ein Blatt Papier zu setzen oder eine (neue) Word-Datei zu öffnen und sich bewusst zu machen: Ich lasse hier etwas zur Sprache kommen, bin selbst aktiv, schreibe, streiche, verdichte und verwerfe und entscheide. Dazu braucht es Mut, gerade wenn es draußen zu laut und zu grell wird. Die Literatur ist wohl die stillste der Künste.

Freiheit sucht Weg! So lautet der hoffnungsvolle Titel unseres neuen Buches. Die gleichnamige Collage von Vivien Ruby aus Darmstadt zeigt im Foto ein weites Feld im Schnee in streifendem Licht: eine Übergangssituation. Nach Sonnenaufgang oder vor Sonnenuntergang? Der Untertitel „Mal ist da diese Steinschicht über meinem Herzen, mal ist sie da nicht" entstammt einem Gedicht von Luisa Schlüter aus Maintal (Werkstatt Lars Ruppel) und lässt aufhorchen. Die Fotografie für das dynamisch anmutende Cover stammt von Felix Lux, Schüler der Richtsbergschule Marburg, der das schuleigene Projekt „Geschichte wird Farbe – Farbe wird Geschichte" aus dem Kontext ‚Metamorphosen' festhielt. Seine Lehrerin, Dörthe Gerhardt, hatte die Idee, Ausschnitte für unsere Buchgestaltung zu verwenden. Vielen Dank dafür!

Die jungen Schreiber zeigen Vertrauen, sie geben uns mit ihren Erzählern Einblicke in durchaus bedrückende Szenarien, die Kriege und Flucht, Einsamkeit, Ängste und Tabubrüche einschließen, treten aber auch erfrischend präzise wie komisch mit ihren Kürzestgedichten nach Ernst Jandl auf: Frisörgedicht // Haare / weg! (Fahtima Zerbo) SchreibKunst ist mittlerweile auch ein Blogname. Der Schüler Leon Ebersmann (Lichtenbergschule Darmstadt) dokumentiert SchreibKunst mit einem Weblog (www.luo-darmstadt.de/schreibkunst/) und publiziert auf Wunsch weitere Texte.

Überhaupt hat jede Schule, die sich für die Teilnahme an SchreibKunst qualifizierte, eigene literarische Formate entwickelt und Besonderheiten profiliert – längst wird ‚SchreibKunst' als Bewegung im Rahmen der Schulentwicklung verstanden (*siehe Tabelle Seite 226-227*).

Beim Fachtag „Literatur und Schule – Kreatives Schreiben in Hessen" im Schloss Rauischholzhausen mit 80 Lehrerinnen und Lehrern und fünf Autoren konnten wir im November 2017 erleben, dass die Pfeile der Inspiration unvorhergesehen treffen, wie Patty Smith in „Why do we write, because we cannot only live" formuliert. Demnach braucht es mehr Hingabe und weniger Vorgaben. So schrieben Lehrerinnen mit Eva Demski wunderbare Briefe an sich selbst, die schon eine kleine eigene Buchpublikation wert wären.

255 Schülerinnen und Schüler nutzten bislang die Beratung der SchreibKunst-Autoren ausgiebig, um ihre Ausdrucksform in Thema und Genre zu wählen. Dem Untertitel des Programms SchreibKunst „Mit dem Notizbuch unterwegs durchs Leben – Schüler schreiben mit Autoren" folgend, legten die Schülerautoren fest, welche Geschichte sie schreiben und wer sie erzählen soll.

Zur Entstehung dieses umfangreichen Buchmanuskriptes gehört auch die geniale Idee der Schülerredaktion des Vorgängerbuchs (*Der Gurkenmann und andere Geschichten*, Edition

Faust 2015), eine Edition nach alphabetischer Ordnung der Titelanfänge zu wagen, nach dem Motto „Was zählt ist die Geschichte!", und sich damit von anderen möglichen Kriterien wie Schulort, Schulform bewusst abzuwenden. – „Freiheit sucht Weg!" hat sich dieser bewährten Systematik angeschlossen.

Als ich am Rande der Hochstädter Lyriknacht (Organisation Barbara Bingel, SchreibKunst-Koordinatorin Maintal) mit dem Büchnerpreisträger 2017, Jan Wagner (*Regentonnenvariationen*), ins Gespräch komme, der dort u.a. eine Ode auf seinen Lateinlehrer zum Besten gibt, und ihn frage, ob er sich vorstellen könne, mit Schülern in Schreibwerkstätten zu arbeiten, fragt er zunächst nach der Themenvorgabe. Als ich antworte, SchreibKunst setze hier eher auf Freiheit, stutzt der bescheidene Autor kurz und sagt: „Ja, das ist wichtig und das ist toll!" 2019 benötige er alle Zeit für sein Werk: „Aber 2020 dürfen Sie mich gern ansprechen, ich werde mich erinnern", fügt er noch an.

Ein richtiges Buch könne man stolz an die eigene Brust drücken, so Eva Demski in ihrer poetischen Gratulation an die SchreibKünstler. Wie wahr! Unser Dank gilt daher dem Frankfurter Verlag Edition Faust, der mit uns am 13.10. 2018 mittags um 12.00 Uhr auf der Frankfurter Buchmesse zum zweiten Mal ein richtiges Buch mit dem Titel *Freiheit sucht Weg! Mal ist da diese Steinschicht über meinem Herzen, mal ist sie da nicht* aus der Taufe heben wird. Eine öffentliche Lesung der Schülertexte findet am gleichen Tag auf Einladung des Hessischen Ministeriums für Wissenschaft und Kunst an dessen Buchmessenstand statt, hierfür danken wir Elisabeth Volck-Duffy. Großer Dank gilt den Autorinnen und Autoren: Dominique Macri, Silke Scheuermann, Sherko Fatah, Thomas Hettche, Dalibor Marković, Lars

Ruppel und der ‚Schirmhalterin' Eva Demski. Sie haben in SchreibKunst ihre jeweils ganz eigene Handschrift hinterlassen und wertschätzen unser aller Mühe und Arbeit sehr. Auch dafür Danke, allein die Vorworte zu unserem Buch stellen eine Lobliedsammlung auf den Wert des „echten" Schreibens dar.

Das Hessische Kultusministerium hat das Programm SchreibKunst großzügig ausgestattet, daher gilt unser herzlicher Dank Herrn Kultusminister, Prof. Dr. Ralph Alexander Lorz, und dem Referenten des Büros Kulturelle Bildung im Hessischen Kultusministerium, Marcus Kauer, auch Sabine Plag und Annegret Quaiser, die bei der Umsetzung in allen vertraglichen und verwaltungsrelevanten Aspekten eine maßgebliche Hilfe waren. Herzlichen Dank auch an die WIBank mit Herrn Dr. Michael Reckhard, die dieses Programm im Sinne ihrer Projektförderung finanziell bedacht hat, und an Claudia Ungeheuer, ihrer Leiterin der Öffentlichkeitsarbeit, die mit so freundlichen Besuchen persönlich Anteil nahm an SchreibKunst und am langen Entstehungsprozess dieses Buches. Und last but not least: Vielen Dank und herzlichen Glückwunsch an alle SchreibKünstlerinnen und SchreibKünstler! „Wer schreibt, bleibt …", sagte schon Robert Gernhardt.

Viel Freude beim Blättern und Lesen!

Dr. Erika Schellenberger-Diederich
Marburg im September 2018

SCHULE	KOORDINATOREN
Albert-Einstein-Schule Gymnasium des Main Kinzig Kreises Goethestraße 61 63477 Maintal Tel: 06109-76520	Barbara Bingel und Judith Nußbaum
Elisabethschule Gymnasium der Stadt Marburg Leopold-Lucas-Straße 5 35037 Marburg Tel: 06421-924668	Ute Trautwein und Peter Gudorf
Lichtenberg-Schule Darmstadt Gymnasium Ludwigshöhestraße 105 64285 Darmstadt Tel: 06151-13484700	Nicole Rosenthal und Margit Sachse
Max-Beckmann-Schule Oberstufen-Gymnasium Sophienstraße 70 60487 Frankfurt Tel: 069-21236964	Antje Koenen, Inge Pauls und Lisa Hofmann
Ricarda-Huch-Schule Kooperative Gesamtschule mit Gymnasialer Oberstufe Dammstraße 26 35390 Gießen Tel: 0641- 3063191	Andrea Maas und Olaf Dinkela
Richtsberg Gesamtschule Integrierte Gesamtschule Karlsbader Weg 3 35039 Marburg Tel: 06421-484470	Dörthe Gerhardt und Dr. Armin Schriever

AUTORINNEN UND AUTOREN	FORMATE
Lars Ruppel	Hochstädter Lyriknacht und Homepage SchreibKunst, Literatur im Gespräch, Schülerreporter treffen Autoren
Sherko Fatah	Teilnahme beim LiteraturParcour des Landkreises, Schullesungen, AG SchreibKunst-Begabtenförderung, Jahrbuch
Silke Scheuermann	Zusammenarbeit mit dem HLMD und LUO-Schul-Literaturpreis (2018 „Maylas Morgen“ von Anna-Pauline Gutzeit, hier im Buch abgedruckt), web-Blog SchreibKunst
Thomas Hettche	Literatur in der Schule als Matinée für geladene Gäste der Schulgemeinde, Homepage-Auftritt SchreibKunst
Team Scheller	Kulturschule, Kreatives Schreiben in schulübergreifenden Tandems: Projekt Word-Witz, Schullesungen, Homepage
Team Scheller	Kulturschule, Projektwoche Metamorphosen: Farbe wird Geschichte, Buchgestaltung und Präsentation: Anthologie im Buchhandel

Weitere beteiligte Schulen: Gesamtschule Ebsdorfergrund, Carl-Schomburg-Schule Kassel, Mittelpunktschule Steffenberg, Clemens-Brentano-Europa-Schule Lollar

ÜBERSICHT

Abtauchen in „Warrior Cats“	Lea Wallrabenstein	LUO
Abtauchen in „Die Silber Trilogie“	Malou D. Meyer	LUO
Abtauchen in „Fünf Sterne für Lola“	Phoebe Baumgarten	LUO
Abtauchen in „Herr der Diebe“	Paulina Dauth	LUO
Abtauchen in „Nördlich von Nirgendwo“	Clara Drewelies	LUO
Abtauchen in „Warrior Cats Staffel 4“, Bd.6	Sophia Böcker	LUO
Adler	Sarah Rahman	LUO
Alle	Fatima Haji	LUO
Am Ende sind wir alle grau	Clara Hofstätter	AES
Am Wochenende	Katharina Stoll	LUO
Angst. Sie nagt.	Clara S. M.Witt	LUO
Bowlinggedicht	Aaron Igob	LUO
Büchereigedicht	Sarah Rahman	LUO
Das Chamäleon	Yann Hendrickx	LUO
Das Eichhörnchen	Francesca Fiedler	LUO
Das Goldene Vlies	Mark Wiesmann	MBS
Das Känguru	Phoebe Baumgarten	LUO
Das Krokodil mit dem Wecker im Bauch	Lisa Oberbeck	ESM
Denk mal drüber nach	Laura Groote	AES
Der Brüllaffe	Vivien Ruby	LUO
Der Elch	Beatrice Bräuer	LUO
Der Goldfisch	Vanessa Fröhlich	LUO
Der Löwe	Clara Drewelies	LUO
Der Pinguin	Vivien Ruby	LUO
Der Sinn des Lebens ist leben – das war's!	Luisa Schlüter	AES
Der tote Winter	Pauline Haan	MBS
Die Angst	Clara S. M.Witt	LUO
Die fliehende Zeit	Nina Schacht	ESM
Die Glücksmaschine	Julius Emmeluth	LUO
Die vierte Instanz	Anna Saamer	MBS
Diebstahlsgedicht	Sophia Böcker	LUO
Du	Bianca Hamann	MBS
Entwurf	Nicolai Koch	LUO
Er	Laura Groote	AES
Er liebt den Sommer	Marina Herrmann	MBS
Erlösung	Larissa Birkel	LUO
Feuerzeug	Maja Klös	ESM
Fifty Shades of Manfred	Alexandra Wyschka	LUO
Frage und Antwort	Marjane Choua	LUO
Fragen der Liebe	Helena Sturm	LUO
Frau Sein	M. Foterek / S. Hübner	RHS
Freifunk	Nicolai Koch	LUO
Freiheit	Theresa Schlosser	MBS
Freiheit sucht Weg	Vivien Ruby	LUO
Frisörgedicht	Fahtima Zerbo	LUO
Fünf, sechs, Alte Hex …	Liv Lukat	LUO
Galigahi	Johanna Flachs	MBS
Großstadtviertel	Saskia Kasten	RGS
Heimat	Khuslen Enkhbold	LUO
Hej Je Suis Amazing	Sarah Rahman	LUO
Herbstgedicht	Clara Drewelies	LUO
Hoffnung	Nicolai Koch	LUO

Ihr Planet	Lena Waha	MBS
Inspired by Kafka's „Kleine Fabel“	Laura Groote	AES
Katze	Malou D. Meyer	LUO
Katzengedicht	Aaron Iyob	LUO
Kondomgedicht	Vanessa Fröhlich	LUO
Kratz	Christine Ulanowsky	LUO
Krieg stell dir vor er wäre hier	Saskia Kasten	RGS
Kurze Momente aus dem Leben …	Lisa Müller	MBS
Leben Sie sich frei	Malou D. Meyer	LUO
Mann und Mann	Enno Wang	LUO
Maylas Morgen	Anna Pauline Gutzeit	LUO
Mein Gott wohnt hier nicht	Nicolai Koch	LUO
Meinung ist	Nandin Enkhbold	LUO
Mord in der Kirche	A. Knoblauch/T. Schlosser	RHS-MBS
Morgen	Alena Endlicher	LUO
Morgen	Joel Maasho	LUO
Müdigkeitsgedicht	Sophia Böcker	LUO
Musik	Nina Dähne	LUO
Neugierde	Chahrazad Bakhouch	MBS
Normal zu sein	Nashilu Busch	MBS
Ohne Titel	Ikira Schielke	TU Darmstadt
Schlüsselgedicht	Beatrice Bräuer	LUO
Schulgedicht	Clara Drewelies	LUO
Schwarz	Annalena Lang	AES
Seelenruhig	N. Müller / S. Leifheit	RHS-MBS
Selbstbewusst	Saskia Kasten	RGS
Sie	Clara Drewelies	LUO
Sport im Schlaraffenland	Sophia Böcker	LUO
Stille	Selma Hübner	MBS
Surrealist bleiben	Pauline Secker	LUO
Tree of love	Laura Groote	AES
Türgedicht	Yann Hendrickx	LUO
Uhrengedicht	Francesca Fiedler	LUO
Unscheinbar	Saskia Kasten	RGS
Vergangenheit	Francesca Fiedler	LUO
Verschlimmbesserung	Annalena Lang	AES
Was du (nicht) bist	Jana Fritsch	JGU Mainz
Was ist Morgen?	Leonie Brandmeier	LUO
Wenn der Glasmurmeln Freiheit	Beatrice Bräuer	LUO
Wie geht es dir?	Luisa Schlüter	AES
Wie Tag und Nacht	Fatima Haji	LUO
Wir haben unser Leben noch vor uns	Svenja Leifheit	MBS
Wohin uns das Leben führt	Lucy Brust	ESM
Wolkengedicht	Beatrice Bräuer	LUO
Zuversicht	Laura Groote	AES
Zwei Ansichten einer Katze	Nandin Enkhbold	LUO

Schulkürzel

AES – Albert-Einstein-Schule Maintal
ESM –Elisabethschule Marburg
LUO – Lichtenbergschule Darmstadt
MBS – Max-Beckmann-Schule Frankfurt
RGS – Richtsberg Gesamtschule Marburg
RHS – Ricarda-Huch-Schule Gießen

Herausgeberin:
Dr. Erika Schellenberger-Diederich
Landeskoordinatorin Literatur
im Auftrag des Hessischen Kultusministeriums
Büro Kulturelle Bildung
c/o Staatliches Schulamt für den Landkreis Marburg – Biedenkopf
Robert-Koch-Straße 17
35037 Marburg
Tel: 06421-616564; Fax: 06421-616524
erika.schellenberger-diederich@kultus.hessen.de
https://kultur.bildung.hessen.de/literatur/index.html

Dr. Erika Schellenberger-Diederich, geb. 1961 in Bonn, ist Lehrerin und Literaturwissenschaftlerin. Sie arbeitet als Landeskoordinatorin Literatur im Büro Kulturelle Bildung des Hessischen Kultusministeriums und als Fachberaterin für Kulturelle Bildung. Sie ist Kuratoriumsmitglied des Museums Marburger Haus der Romantik und Mitglied des Netzwerkes Forum Schule@Hochschule. Seit 2013 leitet sie das hessische Landesprogramm zum Kreativen Schreiben an Schulen „SchreibKunst – Schüler schreiben mit Autoren" und den Arbeitskreis Literarisch Aktiver Schulen in Hessen. 2011 erschien der von ihr herausgegebene Bestseller *Mein Lieblingsgedicht – Prominente antworten* bei C.H. Beck, 2015 *Der Gurkenmann und andere Geschichten – Schüler treffen Autoren* bei Edition Faust.

1. Auflage 2018

Umschlagmotiv: Felix Lux, Richtsberg Gesamtschule Marburg

Weitere Titel des Verlags unter **www.editionfaust.de**

Gestaltung: Bayerl & Ost, Frankfurt am Main
Druckerei: BELTZ, Bad Langensalza
Printed in Germany
ISBN 978-3-945400-58-6